W0074867

Bernhard Hülsebusch
Ein „Münchner" in Rom

Bernhard Hülsebusch

Ein »Münchner« in Rom

Episoden & Erinnerungen
aus dem Pontifikat

Bibliografische Information der Deutschen Nationalbibliothek
Die Deutsche Nationalbibliothek verzeichnet diese Publikation
in der Deutschen Nationalbibliografie;
detaillierte bibliografische Daten sind im Internet über
http://dnb.d-nb.de abrufbar.

Besuchen Sie uns im Internet unter:
www.st-benno.de

ISBN 978-3-7462-3325-3

© St. Benno-Verlag GmbH
Stammerstr. 11, 04159 Leipzig
Umschlaggestaltung: Ulrike Vetter, Leipzig
Umschlagabbildung: © picture-alliance/dpa,
© Anteromite/shutterstock (Fond)
Gesamtherstellung: Kontext, Lemsel (A)

INHALT

III. Berlin, Erfurt, Freiburg − Benedikt in Deutschland

IV. Dialog, Versöhnung, Frieden – Benedikt seit Oktober 2011

EINLEITUNG

Seit rund sieben Jahren steht Benedikt XVI. nun an der Spitze der katholischen Kirche: Eine Autorität, aber nicht autoritär; konservativ, aber dialogbereit; ein brillanter „Prof. Dr. Papst" – aber durchaus fähig zu bewegenden, ja herzlichen Begegnungen mit einfachen Gläubigen. Bescheidenheit und Verzicht auf jeden Pomp gehören zu den typischen Eigenschaften dieses 265. Nachfolgers Petri. Ein Pontifex, dessen Leistung als Hirte der Weltkirche neuerdings immer deutlicher wird. Für die Gläubigen nördlich der Alpen aber vor allem eins: Der erste deutsche Papst seit fast 500 Jahren.

Die Wahl eines Deutschen im Konklave 2005 löste zwischen Berlin und Köln, Dresden und München Überraschung sowie weithin eine patriotische Begeisterung aus, die sogar etliche kirchenferne Zeitgenossen ansteckte. „Dass ein Landsmann Papst geworden ist, erfüllt uns Deutsche mit Freude und auch ein wenig mit Stolz", betonte denn auch der damalige Bundespräsident Köhler.

Joseph Ratzinger, weiß man, hatte sich nicht nach dem hohen Amt gedrängt. Der Gendarmensohn aus Marktl am Inn war, nach seiner Karriere als

Theologieprofessor, 1977 zum Erzbischof von München-Freising ernannt worden. Über vier Jahre lang leitete er, inzwischen Kardinal, die bedeutendste bayerische Diözese. Und weil er, vom Wojtyla-Papst berufen, dann von München an die Kurie wechselte, bezeichnete ihn so mancher rundweg als einen „Münchner" in Rom. Auch unter Anspielung auf Ludwig Thomas' „Ein Münchner im Himmel".

In der katholischen Weltkirche gab die Papstwahl von 2005 auch den Anstoß zu kritischen Überlegungen. Wegen des in Ratzingers Zeit als oberster Glaubenshüter entstandenen Zerrbilds („Ein Reaktionär") fürchteten nicht wenige Christen, er werde das Rad der Kirche zurückdrehen. Ist Benedikt, fragten andere unter Verweis auf sein hohes Alter von immerhin 78 Jahren, nur ein Übergangspapst? Hat man ihn im Konklave hauptsächlich deshalb erkoren, weil er als langjähriger Berater von Johannes Paul II. dessen Kurs weiterführen sollte? Würde er ganz im Schatten des „Jahrhundertpapstes" stehen oder einen eigenen, neuen Stil entwickeln?

Fragen über Fragen. Zumindest die letztgenannte kann man inzwischen mit Ja beantworten. Benedikt XVI. unterscheidet sich deutlich von seinem Vorgänger. Anders als der omnipräsente Medienstar Johannes Paul macht er sich rarer. Er gibt weniger Audienzen, delegiert viel an seine Mitarbeiter

– doch er führt intensive Gespräche mit den Bischöfen. Zu Johannes Paul, formuliert es 2007 der Kurienkardinal Kasper, „gingen die Menschen hin, um ihn zu sehen. Zu Benedikt jedoch geht man vor allem, um ihn zu hören". Der Ratzinger-Papst sei ja ein bedeutender Prediger. „Er kann die christliche Botschaft zugleich vertiefen und sie in verständlicher Sprache vermitteln."

In der Tat. Und der Glaubensbote neuer Art kommt erstaunlich gut an. Benedikt XVI. ist im Verlauf seines Pontifikats bei den weitaus meisten Katholiken immer beliebter geworden. Dazu passt, dass mehrere, zunächst skeptisch beurteilte oder gar konfliktbeladene Papstreisen – so in die Türkei, nach Großbritannien und Deutschland – letztlich doch Erfolge wurden. Der vorliegende schmale Band konzentriert sich weder auf Benedikts Theologie noch auf seine Kirchenpolitik. Er behandelt zwar auch die Höhepunkte des Pontifikats, aber im Fokus steht der Mensch Joseph Ratzinger – einschließlich der vielen sympathischen, heiteren, humorvollen Episoden, die sich um ihn ranken. Somit soll die Sammlung dazu beitragen, diesen liebenswürdigen Papst allen Lesern noch näher zu bringen.

Rom, im Februar 2012

I. Ein Papst mit neuem Stil – Von der Wahl bis Ende 2006

Als am späten Nachmittag weißer Rauch aufstieg und klar war, dass der neue Papst aus Deutschland kommt, habe ich mich gefreut, zumal die Unterstützung für den neuen Papst so überwältigend gewesen ist.

Bundeskanzlerin Angela Merkel

Papst Benedikt XVI. hat die Welt überrascht mit seiner Art des Auftretens. Diejenigen, die ihn ein wenig kannten, wussten, dass er eher scheu ist und den großen Auftritt nicht so sehr liebt. Ein Bad in der Menge hätten ihm viele nicht zugetraut. Sein Lächeln seit dem ersten Auftritt auf der Loggia des Petersdoms hat aber gerade diejenigen überrascht, die ihn eher als ernsten Wissenschaftler kannten.

Pater Eberhard von Gemmingen

Ich habe Joseph Ratzinger kennen gelernt als einen Mann großer Menschlichkeit und Freundlichkeit, immer bereit, auch Meinungen anzuhören, die mit seiner nicht übereinstimmen.

Kardinal Carlo Maria Martini

Stoßgebet im Konklave

Die ganze Welt blickt gespannt nach Rom, wo gut zwei Wochen nach dem Tod von Johannes Paul II. das Konklave zur Wahl des neuen Papstes beginnt. Montag, 18. April 2005: In feierlicher Prozession, betend und singend, ziehen 115 Kardinäle – darunter sechs deutsche – in das prächtigste Wahllokal der Welt, die von Michelangelo ausgemalte Sixtinische Kapelle im Vatikan. Draußen auf dem Petersplatz starren Tausende von Journalisten auf den kleinen Schornstein der „Sixtina". Denn schwarzer Rauch, so weiß man, zeigt ein erfolgloses Votum (also keine Zweidrittelmehrheit für einen Kandidaten) an – weißer Rauch dagegen die erfolgte Papstwahl. Was passiert? Am Montagabend kräuselt es schwarz aus dem Rohr. Tags darauf, gegen Mittag, steigt nach dem zweiten und dritten Wahlgang erneut schwarzer Rauch auf. Niente, wieder nichts.

Inzwischen weiß man: Schon beim dritten Votum erhält Kurienkardinal Joseph Ratzinger die meisten Stimmen. Was dann passiert, erzählt Benedikt ein paar Tage später, in seiner ersten Audienz für deutsche Pilger: Als er erkannt habe, „dass sozusagen das Fallbeil auf mich herabfallen würde, war mir schwindelig zumute. Ich hatte geglaubt, mein

Lebenswerk getan zu haben. Ich habe mit tiefer Überzeugung zum Herrn gesagt: ‚Herr, tu mir das nicht an! Du hast Jüngere und Bessere, die mit ganz anderer Kraft an diese große Aufgabe herantreten können.'"

Aber der Herr, könnte man sagen, hat dieses Stoßgebet im Konklave überhört. Im vierten Wahlgang, am 19. April, erreicht und überschreitet der Kandidat Ratzinger, bisher Präfekt der Glaubenskongregation, die notwendige Zweidrittelmehrheit. Folglich weißer Rauch aus dem Schornstein, Glockengeläut. Ratzinger nimmt die Wahl an, entscheidet sich für den Namen „Benedikt XVI." – und betet im Stillen.

Warum der Name Benedikt?

Es ist im Konklave immer ein spannender Augenblick, wenn der frischgewählte Pontifex mitteilt, wie er sich als Papst nennen wird. Lange Zeit nach jenem Ereignis in der Sixtinischen Kapelle fragte der Publizist Michael Hesemann den engsten Vertrauten Joseph Ratzingers, seinen Bruder Georg: „Hat er Ihnen verraten, weshalb er den Namen Benedikt wählte?" War es die Verehrung für den heiligen Benedikt von Nursia, den großen Ordensgründer und Vater des westlichen Mönchtums, standen der Intellektuellenpapst Benedikt XIV. oder der Friedenspapst Benedikt XV. dabei Pate?

Prälat Georg bekannte zwar (in dem Buch „Mein Bruder, der Papst"), das wisse er selber nicht, aber dann fuhr der pensionierte Regensburger Domkapellmeister fort: Als die Ratzinger-Brüder einmal ganz allgemein über Papstnamen sprachen, meinte Joseph, „Benedikt sei einfach ein schöner Name". Von seinem Klang wie von seiner Bedeutung her, als der Gesegnete (von lat. benedicere, segnen), der auch ein Segen für andere ist, hat er diesen Namen als sehr passend für einen Papst empfunden. „Ich würde also sagen, dass hier der heilige Benedikt von Nursia Pate stand, dass aber auch ästhetische und etymologische Gründe zu dieser Namenswahl führten."

Der traurige Bruder

Georg Ratzinger erlebt die Papstwahl 2005 in Regensburg nervös übers Fernsehen mit. In dem oben erwähnten Buch schildert er seine Reaktion: Als es von der Loggia des Petersdoms in der uralten lateinischen Formel „Habemus papam" hieß und zunächst der Name „Josephum" genannt wurde, „erstarrte ich in meinem Innersten. Ich wusste, jetzt wird's gefährlich."

Dann fiel tatsächlich der Name Ratzinger. Prälat Georg: „Ich muss ganz ehrlich sagen, dass ich in diesem Augenblick ziemlich niedergeschlagen war." Weil er wusste, das war eine große Herausforderung für Joseph, eine enorme Aufgabe – deshalb machte er sich ernsthaft Sorgen. „Ich sah nur die Herausforderung und Belastung, die dieses Amt für ihn bedeutete. Und ich war traurig, dass er jetzt wahrscheinlich keine Zeit mehr für mich haben würde."

Der Prälat ging an jenem Abend bedrückt zu Bett. Anschließend klingelte zwar pausenlos das Telefon, doch er ging einfach nicht dran. „Rutscht mir doch alle den Buckel herunter, habe ich mir gedacht." Tags darauf erreichte ihn schließlich sein Bruder aus Rom und berichtete: Im Augenblick seiner Wahl im Konklave hätte es ihn „wie ein Blitz getroffen". Das kam so plötzlich, „dass das Wirken des Heiligen Geistes offensichtlich war". Und dem hat sich der neue Petrus-Nachfolger (so sein Bruder) dann rasch ergeben, „weil auch er darin den Willen Gottes erkannte".

Wir sind Papst

Das Ergebnis des Konklave, versteht sich, löst in Joseph Ratzingers Heimatland weithin patriotische Begeisterung aus. „Wir sind Papst!", titelt das große Boulevardblatt „Bild" – so als ob die Kardinäle mit ihrem Votum für Ratzinger gleich das ganze deutsche Volk nun zur Führung der katholischen Weltkirche berufen hätten.

Es sei eine „Jahrtausendsensation", dass erstmals seit 482 Jahren wieder ein Deutscher auf dem Stuhl Petri sitzt. Richtig. Und der Grund dafür, dass sich selbst viele protestantische oder grundsätzlich kirchenferne Bürger der Bundesrepublik freuen und diese Papstwahl irgendwie, indirekt als eine internationale Aufwertung Deutschlands empfinden.

Sogar die zurückhaltende „Frankfurter Allgemeine Zeitung", die nur alle Jubeljahre mal ein Foto auf der Frontseite bringt, zeigt da am 20. April ein Konterfei von Benedikt XVI. Die Münchner „Abendzeitung" schummelt (weil Ratzinger ja einst Oberhirte der bayerischen Landeshauptstadt war) ein bisschen und titelt: „Ein Münchner ist der neue Papst."

Ratzi und Rabbi

Kaum ist Joseph Ratzinger Pontifex maximus, tauchen auch schon die ersten Anekdoten und Schmunzelgeschichten auf über „Ratzi", wie man ihn vielfach salopp nennt. Hier einer jener Witze, erzählt etwa in dem Buch von Alfons Schweiggert „Benedikt XVI. Unser Papst aus Bayern": Vor Jahren, als „Ratzi" noch Kaplan in München ist, fährt er einmal im Zug; ihm gegenüber sitzt ein Rabbiner, mit dem es zum Gespräch kommt.

„Entschuldigen Sie meine Neugierde", sagt der Kaplan, „können Sie eigentlich noch was Höheres werden als Rabbiner?" Antwort: „Nein. Und Sie?" Ratzinger lächelnd: „Na ja, ich kann natürlich Pfarrer werden, danach Bischof, Kardinal und vielleicht sogar Papst." Der Rabbiner fragt bohrend: „Und weiter?" Ratzinger verwundert: „Was heißt: und weiter? Ich kann doch nicht Gott werden!" Darauf der Rabbiner: „Sehen Sie, aber einer von uns Juden hat es geschafft."

Mit Helm und Handy

Humor, aber auch christliche Nächstenliebe beweist Benedikt XVI. bei einer Generalaudienz im Juni 2005 auf dem Petersplatz. Und zwar mit zwei, wie es römische Zeitungen formulieren, „sympathischen persönlichen Einlagen" des Papstes. Zunächst setzt er sich auf Wunsch einer Gruppe von Spritzenmännern einen Feuerwehrhelm auf. Später tut er einem Behinderten aus dem süditalienischen Ort Angri einen Gefallen und spricht über dessen Handy mit einer schwerkranken Nonne, Suor Maria Cristina, in Angri. „Ich werde für dich beten", tröstet er die Ordensfrau, die anschließend schier fassungslos zu Bekannten sagt: Papst Benedikt am „telefonino"? „Erst glaubte ich, es ist nur ein Traum, aber es war die Wirklichkeit."

Im Papamobil durch Köln

Schon Johannes Paul hatte ihn geplant, den Kölner WJT, den Weltjugendtag – aber sein Tod am 2. April bewirkt nun, dass die erste „Auslandsreise" von Benedikt XVI. im August 2005 just nach Deutschland, eben nach Köln führt. Am ersten Tag dort herrscht Kaiserwetter. Nur ein starker Windstoß macht dem Pontifex bei seiner Ankunft auf dem Airport zu schaffen: Er bläst ihm die weiße Scheitelkappe, den „Pileolus", vom Kopf. Anschließend kommt eine wahre Glaubensparty in Schwung. Zunächst fährt Benedikt in einer (ungewöhnlichen) Flussprozession auf dem Rhein winkend an unzähligen jungen Gläubigen vorüber, die Fahnen schwenken, applaudieren, fotografieren.

In mehreren Sprachen wendet sich Benedikt von Bord aus an die WJT-Teilnehmer. „Reißt euer Herz auf für Gott", ruft er, „lasst euch von Christus überraschen." Dann, wieder an Land, fährt Benedikt im „Papamobil" zum altehrwürdigen Kölner Dom. Der Trubel stürzt die Innenstadt in ein Verkehrschaos. „Ist ja schlimmer als Karneval", sagen Lästerzungen, obschon sie einräumen, der Papstbesuch sei „doch ein historisches Ereignis".

Abschluss und Höhepunkt des WJT ist – mit der Rekordzahl von einer Million Teilnehmern – der Gottesdienst auf dem Marienfeld am Kölner Stadtrand. Für die Gläubigen aus 197 Ländern erklingt eine stimmungsvolle „Weltmesse" mit Musik aus Asien, Afrika und Südamerika. Ein Glaubensfest. Aber Benedikt verzichtet nicht darauf, Sorgen auszudrücken – etwa indem er vor einer „selbstgemachten Religion" warnt und die Jugend aufruft, den wahren, den christlichen Glauben vorzuleben. Lebhafter Beifall belohnt den Mahner-Papst, und wie Böller explodieren die „Be-ne-detto"-Sprechchöre.

Papst „vermarktlt"?

Die Gemeinde Marktl am Inn, die schon 1997 den damaligen Kurienkardinal Joseph Ratzinger zum Ehrenbürger machte, ist nicht nur stolz auf ihren größten Sohn. Sie will ihn auch gebührend würdigen und sein Geburtshaus zur Erinnerungsstätte machen. Genau nach dem Vorbild des polnischen Städtchens Wadowice, dem Geburtsort von Benedikts Vorgänger Johannes Paul II.

Das uralte Maut- und Zollhaus in Marktl, in dem Ratzinger zur Welt kam, verdoppelt gleich nach der Papstwahl seinen Wert auf nun 450 000 Euro. Die Gemeinde will es der Eigentümerin abkaufen und beginnt schwierige Verhandlungen. Zwar möchte Bürgermeister Gschwendtner das verhindern, was man ironisch als die „Vermarktlung" des Papstes bezeichnet. Aber er hat auch die Interessen seiner Bürger im Sinn und gibt sich flexibel: „Die Grenzen zwischen Pietät und Kommerz sind halt manchmal fließend." Schließlich erwirbt die Gemeinde das Gebäude und macht es als „Geburtshaus Benedikts XVI." allgemein zugänglich.

Unterdes geht die „Vermarktlung" munter fort. Etwa mit dem Verkauf von „Benedikt-Bibeln", „Benedikt-Kerzen" und sogar „Papstbier". Aber eins, so witzelt die Presse, fehlt dem Geburtsort des Heiligen Vaters „noch zur vollkommenen Glückseligkeit: Ein Flugzeug, klar". Deshalb wird später eine neue Lufthansa-Maschine auf den Namen „Marktl" getauft. Stilecht mit Weihwasser aus der Kirche St. Oswald, wo der neugeborene Joseph einst getauft wurde. Seither fliegt „Marktl" durch Europa. Marktl und Traunstein, zwei zentrale Orte aus Ratzingers Leben, werben zudem mit den typischen braun-weißen Autobahn-Hinweisschildern als „Geburtsort" bzw. „Vaterstadt" Benedikts für sich.

Hörspiel Benedetto

Für Millionen Italiener ist der deutsche Papst anfangs doch irgendwie ein Fremder. Deshalb überlegt die Redaktion des „programma italiano" von Radio Vatikan: Wie können wir unseren Hörern den Werdegang Joseph Ratzingers verdeutlichen? Die Antwort: Am besten durch ein Hörspiel! Folglich knöpft sich der Journalist Stefano Cavallo die auch auf italienisch vorliegende Autobiographie des zum Pontifex gewählten Bayern vor und macht daraus ein sogenanntes „Radiodramma" – mit dem Titel „Benedetto. Vita di Joseph Ratzinger." Es wird im Herbst 2005 und dann abermals Anfang 2006 in 12 Folgen mit beträchtlichem Hörer-Echo ausgestrahlt. Etwa 20 Personen, meist italienische Berufsschauspieler und ausgebildete Sprecher, wirken mit. Doch für die Rolle der Hauptperson wählt die Redaktion eine Stimme, die der von Ratzinger (wenn er italienisch spricht) ähnelt: Die Stimme eines Bayern in Rom.

Hohelied auf die Liebe

Vatikan, Januar 2006: Publikation der ersten Enzyklika dieses Papstes. „Deus caritas est" (so der Titel) ist gleichsam ein Hohelied auf die Liebe in all ihren Dimensionen. Wenn der Eros zum Sex degradiert, klagt Benedikt, wird er zur käuflichen Ware; Leib und Seele gehören jedoch zusammen. Und die Nächstenliebe? Sie ist in der Gottesliebe verankert, ein Auftrag an die gesamte Kirche. Daraus ergibt sich der weltumspannende Dienst der

„Caritas" als Hilfe für alle Leidenden. In diesem Kontext umreißt Ratzinger genau und gescheit die Aufgaben der Caritas im weitesten Sinne.

Die karitative Tätigkeit und den politischen Einsatz für eine gerechte Gesellschaft hält Benedikt klar auseinander. Christliches Liebeshandeln, unterstreicht er, darf „kein Mittel ideologisch gesteuerter Weltveränderung" werden. Abermals also „Nein" zu den Nachfolgern jener sogenannten Befreiungstheologie, die schon der Glaubenshüter Kurienkardinal Ratzinger bekämpft hatte. Nach Benedikts Worten gehört zur Kirche dreierlei: Verkündigung von Gottes Wort, Feier der Sakramente und Dienst der Nächstenliebe. Die kirchlichen Helfer sollen den Leidenden unbedingt persönliche Zuwendung schenken – im Sinn wahrer Frömmigkeit. „Angesichts des Aktivismus und der drohenden Säkularisierung vieler in der karitativen Arbeit Beschäftigter muss man die Bedeutung des Gebets bekräftigen", heißt es dazu in der – für Benedikt XVI. typischen – Enzyklika.

Das Dokument findet überall ein positives Echo. Karl Kardinal Lehmann, der damalige Vorsitzende des deutschen Episkopats, würdigt sowohl die theologischen wie auch die sozialen Impulse des Lehrschreibens. Sogar Professor Hans Küng, sonst stets radikal-kritisch gegenüber Ratzinger, lobt die

Enzyklika. Katholische Laien werten sie als „bewegenden Aufruf zur Menschlichkeit".

Überraschung in Manoppello

Hoher Besuch im Wallfahrtsort Manoppello: Benedikt XVI. kommt von seiner Sommerresidenz Castel Gandolfo aus per Hubschrauber zu einer kurzen Visite in das Abruzzendorf. Denn in der dortigen Kapuzinerkirche wird ein Seidentuch mit dem „Volto Santo", dem mutmaßlichen Antlitz Christi verehrt – eine wahrhaft geheimnisvolle Reliquie.

Der Legende nach hat ein Unbekannter (wohl gar ein Engel?) das 17 mal 24 Zentimeter große Tuch mit dem vagen Abbild eines bärtigen Männergesichts vor rund 500 Jahren nach Manoppello gebracht. Aber woher stammt es? Der in Rom tätige deutsche Kunsthistoriker Professor Heinrich Pfeiffer und etliche nachforschende Publizisten sind überzeugt: In Wahrheit handelt es sich um den „Schleier der Veronika", den man während des Neubaus von Sankt Peter dort gestohlen und verschleppt hat. Im Petersdom werde somit heute nur eine Kopie, eine Attrappe gezeigt.

Die Verfechter dieser These und erst recht die Kapuziner von Manoppello werten den überraschenden Papstbesuch als Wasser auf ihre Mühlen. Benedikts Visite, erwartet der Orden schon vorweg, sei eine einzigartige Gelegenheit, die Authentizität des Seidentuchs mit dem „Volto Santo" und seines großen Wertes für die Christenheit zu bezeugen. Indes, ein päpstlicher „Schiedsspruch" im Streit um das Abbild Jesu bleibt aus. Benedikt betet still vor dem in einem gläsernen Schrein ausgestellten Tuch. Dann sagt er in seiner Ansprache (u.a.): „Das Antlitz des Herrn zu suchen, muss der Wunsch aller Christen sein..." Was die Medien wohl zu Recht so interpretieren: Der Pontifex hat es allen freigestellt, vor dem mysteriösen Tuch von Manoppello das Gesicht des Gekreuzigten zu verehren.

Rote Schuhe

Zunächst fällt es nur wenigen, dann aber immer mehr Beobachtern und besonders den am neuen Papst sehr interessierten italienischen Katholiken auf: Bei Gottesdiensten schreitet Benedikt XVI. in dunkelroten Mokassins dahin. Die ehemalige evangelische Bischöfin Margot Käßmann kokettiert sogar, sie sei wegen dieser schönen roten Schuhe neidisch auf den Papst. Als vor dessen Bayern-Reise 2006 dort Schülerfragen an Benedikt XVI. gesammelt werden, kommen auch die roten Schuhe zur Sprache.

So kommt es zu einer Initiative der „Mittelbayerischen Zeitung" in Regensburg. Sie sammelt die schönsten Fragen und schickt sie an Benedikts Privatsekretär Monsignore Georg Gänswein zur Beantwortung nach Rom. „Don Giorgio" weiß natürlich Bescheid und erklärt zu den roten Schuhen: „Das hat mit der liturgischen Praxis der Kirche zu tun, also mit den verschiedenen Farben der Messgewänder, die der Priester bei der heiligen Messe trägt." Die Farbe wechsle je nach Anlass, und einst wechselte beim Papst somit auch die Schuhfarbe. Bei einem grünen Messgewand war sie grün, bei einem roten Gewand eben rot. „Rot hat sich im Laufe der Zeit durchgesetzt, und so trägt der Papst eben dunkelrote Schuhe."

Aus den Fragen und Antworten entsteht schließlich ein kurzweiliges Büchlein im Sankt Benno-Verlag: „Warum trägt der Papst rote Schuhe? Kinderfragen an Benedikt XVI." von Georg Gänswein und der Journalistin Christine Schröpf. Sie erinnert sich, dass „Don Giorgio" nur bei der Frage nach der Telefonnummer des Papstes auswich – mit den Worten: „Wenn ich diese Nummer verrate, klingelt das Tele-

fon Tag und Nacht, und der Heilige Vater hat überhaupt keine Ruhe mehr."

Gott als Top-Designer

Wie schon sein Vorgänger veranstaltet Bene-
dikt XVI. alljährlich im Spätsommer in Castel
Gandolfo philosophisch-theologische Symposien.
Dazu lädt der ehemalige Professor Ratzinger vor-
nehmlich seine einstigen Uni-Schüler ein. 2006 dis-
kutieren rund 40 Intellektuelle – voran namhafte
Philosophen, der Wiener Kardinal Schönborn, aber
auch zwei Naturwissenschaftler – über „Schöpfung
und Evolution".
Weshalb dieses Thema? Weil Schönborn in einem
Aufsehen erregenden Zeitungsartikel vor einer auf
Charles Darwin gestützten, rein naturwissenschaft-
lichen Weltsicht gewarnt und betont hatte: Der
Mensch sei kein Zufallsprodukt, vielmehr sei die
Schöpfung hochintelligent. Laut Schönborn war,
salopp gesagt, Gott ein Top-Designer!
Da dies lebhafte Debatten auslöst, beschließt der
internationale Kreis von Ratzinger-Schülern gemeinsam mit dem „Professor Dr. Papst" diesen Themen-
kreis zu untersuchen. Dazu später der Münchner

Pater Stephan Horn, der das Treffen organisierte: „Wir haben diskutiert, wieweit Darwins Evolutionstheorie reicht, wie viel sie erklärt, aber auch, wie man sie überschreiten muss." Weitgehend einig waren sich die Teilnehmer darüber, dass die Welt auf Gottes Schöpfungsplan zurückgeht. Italiens Medien lobten im Blick auf das Symposion: Castel Gandolfo sei auf dem besten Weg, eine „Denkfabrik" für das Ratzinger- Pontifikat zu werden.

„Verhör" im Fernsehen

Sommer 2006: Viele deutsche Fernseh- und Rundfunksender bemühen sich, Benedikt XVI. vor dessen Pastoralvisite in seiner bayerischen Heimat zu interviewen. Sie schalten Pater Eberhard von Gemmingen SJ ein, den damaligen Leiter des deutschen Programms von Radio Vatikan. Er fragt „an höchster Stelle" an und erfährt: Ja, ein Papstgespräch mit Gemmingen, ARD, ZDF und Deutscher Welle ist möglich. Also ein Fragenkatalog, dann das Plazet des Heiligen Vaters.

Am vereinbarten Termin, Anfang August, trifft der Pater in der päpstlichen Sommerresidenz Castel Gandolfo zunächst die anderen beteiligten

Journalisten. Die vier Medienmacher besprechen sich, werden „geschminkt" (wie's beim Fernsehen sein muss) und begeben sich in den sogenannten Schweizersaal des Palastes. Als kurz darauf Benedikt hereinkommt und sich vier dunkel gekleideten Herren gegenübersieht, sagt er scherzhaft: Das sei ja wie eine Prüfung oder gar ein Verhör.

Dann, so Pater von Gemmingen, besteht der ehemalige Einserschüler Ratzinger diese „Prüfung" ausgezeichnet. Der Pontifex betont, dass er die Kirche aus Defensive und Resignation herausführen will. Denn die Kirche hat ja eine positive Botschaft, die sie mit Freude und Zuversicht vermitteln soll. Warum er, der Papst, nun nach Bayern reist? Besonders deshalb, weil er noch einmal jene Orte und Menschen sehen will, die ihn geprägt haben – diesen Menschen möchte er danken.

Humor beweist Benedikt in seiner Antwort auf eine der letzten Fragen. Er sei zwar, sagt er, nicht ein Mensch, dem dauernd Witze einfallen. „Aber sozusagen das Lustige im Leben, die fröhliche Seite zu sehen, ist mir schon sehr wichtig und für mein Amt auch notwendig." Ähnlich wie die Engel, die fliegen, weil sie sich leicht nehmen, sollten „auch wir ein bisschen mehr fliegen". Ende des Gesprächs. „Herzlichen Dank." Über sechs Millionen deutsche Zuschauer sehen das Interview im TV.

Stopp beim Zitherspieler

Kinder in Tracht, mit Blumensträußen in den Landesfarben weiß-blau heißen Papst Benedikt willkommen, als er am 9. September 2006 auf dem Münchner Flughafen eintrifft und strahlend winkend die Gangway hinabsteigt. Er wolle in seiner Heimat einige Orte besuchen, die in seinem Leben große Bedeutung hatten.

Anschließend Fahrt im Papamobil durch die Münchner Innenstadt, Ankunft auf dem Marienplatz, Grußwort vor der Mariensäule, der Patrona Bavariae. Genau dort haben die Münchner einst Joseph Ratzinger als ihren neuen Erzbischof begrüßt und ihn gut vier Jahre später nach Rom verabschiedet. Humorvoll bringt der Pontifex die ihm applaudierenden Menschen zum Schmunzeln, als er sagt: Der legendäre Freiburger Korbiniansbär aus seinem Wappen sei anno dazumal zwar in Rom freigelassen worden – er selber aber nicht.

Die patriotische Stimmung steigt, als man die Bayernhymne anstimmt. Der Ratzinger-Papst, der sie auswendig kennt, singt ohne Zögern mit, während sein (nichtbayerischer) Sekretär Monsignore Gänswein den Text ablesen muss. Sogar die Bundeskanzlerin Merkel, obgleich Preußin, stimmt in das Bayernlied ein. Am Abend dann bringt eine kleine

Episode das Protokoll ins Wanken. Denn beim Gang durch die schönen Räume im (einst königlichen) Residenzpalast bleibt Benedikt plötzlich stehen und lässt sich von einem Zitherspieler dieses urbayerische Instrument erklären. Hintergrund? Zu den Erinnerungen der Ratzingers gehört ja die Zither, auf der der Vater des Papstes gespielt hat.

Brisante Rede in Regensburg

Eine markante Etappe der Bayernreise ist Regensburg. Sie macht besonders wegen der Papstrede in der Universität Schlagzeilen – einer Rede, die (wegen falscher Interpretation) Entrüstung bei den Moslems hervorruft. Das Thema des einstigen Regensburger Professors: Die Beziehung zwischen Vernunft und Glauben. „Nicht vernunftgemäßes Handeln ist dem Wesen Gottes zuwider", unterstreicht Benedikt. In einem weit ausholenden historisch-theologischen Exkurs zitiert er aus einer mittelalterlichen Diskussion, in der der byzantinische Kaiser Manuel II. Paleologos zu einem persischen Gelehrten sagt: „Zeig' mir doch, was Mohammed Neues gebracht hat, und da wirst du nur Schlechtes und Inhumanes finden wie dies, dass er vorschrieb, seinen Glauben durch das Schwert zu verbreiten."

Dass sich Benedikt keineswegs mit dieser Kritik identifiziert, wird in der muslimischen Welt einfach überhört. Die Folge sind stürmische Vorwürfe gegen den Papst, weil er – angeblich – den Islam als Religion der Gewalt verleumde. Allerdings bemüht sich der Vatikan sogleich, die Rede ins rechte Licht zu rücken. Und bei der Türkeireise im November 2006 bahnt sich eine Versöhnung an. Unterdes kommt es in der europäischen und besonders der deutschen Öffentlichkeit zu einer lebhaften Debatte über „Regensburg".

Dabei unterstützen sogar manche kirchen-unabhängige Experten die Argumentation vom „Professor Papst". Das Tübinger Universitätsseminar für Rhetorik kürt die Aufsehen erregende Rede Joseph Ratzingers sogar zur „Rede des Jahres 2006". Warum? Weil der Pontifex da eine überzeugende Antwort auf die Frage nach dem Umgang mit religiösem Fundamentalismus gab. Daran ändere auch der Umstand nichts, dass die Rede „gezielt missverstanden wurde".

Mit Kreuz und Thorarolle

Generalaudienz Mitte Oktober 2006: Der Papst spricht zu 40 000 Pilgern, darunter viele aus dem Erzbistum Köln – dann segnet er innerlich tief bewegt eine am Petersdom errichtete Statue der in Auschwitz ermordeten deutschen Ordensfrau und Philosophin Edith Stein. Die Karmeliterin (aus jüdischer Familie, aber Konvertitin) war 1987 in Köln von Johannes Paul II. selig- und elf Jahre später in Rom von ihm heiliggesprochen worden.

Die neue Marmorstatue in einer Außennische des Doms ist ein Geschenk des Erzbistums Köln; finanziert wurde das von dem Künstler Paul Nagel gestaltete Werk von einem Düsseldorfer Unternehmer-Ehepaar. Edith Stein wird mit einem Kreuz und einer Thorarolle in den Händen dargestellt – symbolisch für eine Heilige an der Schnittstelle von Judentum und Christentum. Der Kölner Kardinal Meisner betont am Rand der Segnungs-Zeremonie: Edith Stein gehörte „zu den unwahrscheinlich positiven Gestalten unseres deutschen Volkes in der Zeit seines tiefsten Niedergangs". Eine Würdigung ganz im Sinn des deutschen Papstes.

Zwei Deutsche als Staatschefs

Zu den vielen Prominenten, die Benedikt XVI. im Sommer und Herbst 2006 in Audienz empfängt, gehören auch zwei VIP aus Berlin: Der Bundespräsident und die Kanzlerin. Angela Merkel (übrigens die Tochter eines evangelischen Pastors) erörtert mit dem Heiligen Vater in Castel Gandolfo die internationale politische Lage und speziell den Zustand der Europäischen Union, in der Deutschland von Januar ´07 an turnusmäßig den Vorsitz übernimmt. „Es war ein sehr intensives Gespräch", resümiert die Bundeskanzlerin anschließend.

Interessanter ist dann, im November, die Audienz für Horst Köhler. Da der Papst bekanntlich auch Souverän des winzigen Vatikanstaates ist, handelt es sich ja – kurios genug – um das Treffen zweier Staatsoberhäupter mit deutschem Pass! Benedikt und sein Gast tauschen sich über Fragen der Weltpolitik aus, aber Köhler berichtet dem Katholikenoberhaupt (kurz vor dessen Türkeireise) außerdem über die deutschen Bemühungen zur Integration der Moslems. Überdies lädt der Bundespräsident den Papst zu einem offiziellen Besuch in Deutschland ein.

Nebenbei hat Köhlers Präsenz gewissermaßen auch eine musikalische Note. Denn der Bundespräsident

hatte dem Musikfreund Benedikt beim Kölner Weltjugendtag ein Konzert des Berliners Philharmonika-
Quartetts versprochen. Und dies Versprechen löst
er nun ein: Am Abend nach der erwähnten Audienz
spielt das Quartett in Anwesenheit des Papstes im
Apostolischen Palast – Werke von Mozart, Men-
delssohn, Hugo Wolf. In seiner Dankes-Ansprache
vergleicht Benedikt die Geschichte der Welt mit einer wunderbaren Symphonie, von Gott komponiert
und dirigiert. Bei der Aufführung dieser Symphonie,
so der Pontifex, sollte jeder Mensch mit dem gött-
lichen Meister zusammenwirken – je nach seinem
Platz und seinem Können.

Reise der Versöhnung

Vor keiner Auslandsreise Benedikts in den ersten Jahren seines Pontifikats gibt es so viele
Polemiken wie anlässlich des Türkei-Besuchs im
Spätherbst 2006. Polemiken, weil viele türkische
Moslems wegen der falsch verstandenen Regensburger Rede dem Papst voller Misstrauen oder gar
Hass entgegenblicken. Unter diesen Umständen
überschatten Benedikts Versöhnungs-Bemühungen
gegenüber dem Islam die eigentlichen Hauptanlie-

gen dieser Reise: Dialog mit den Orthodoxen sowie Rückenstärkung für die winzige katholische Minderheit im Lande.

Benedikt XVI. tut wahrlich alles, um die Wogen zu glätten. Dass er bei der Ankunft in Ankara das Kreuz am Hals nicht offen trägt, beruhigt die Türken. „Kreuzfahrermentalität"? Nichts da. Beim Treffen mit dem Chef der türkischen Religionsbehörde wie auch bei anderen Gesprächen mit ranghohen Moslems betont der Papst – ohne sich im Geringsten „anzubiedern" und unter Betonung seiner Position – seine Wertschätzung für die Anhänger Mohammeds sowie die Gemeinsamkeiten von Katholizismus und Islam: Beide glauben „an den einen Gott", an die Menschenwürde. Und Religionsfrieden sei heute nötiger denn je. Am 30. November nimmt der Pontifex in Istanbul am Gottesdienst teil, den Patriarch Bartolomaios – das Ehrenoberhaupt der Orthodoxen – zelebriert. Beide Kirchenführer tauschen den Bruderkuss, beide verpflichten sich zur Ökumene.

Weit mehr Aufmerksamkeit findet in dem moslemischen Land freilich der Papstbesuch in der berühmten Blauen Moschee. Seite an Seite mit dem Großmufti Mustafa Cagrisi wendet sich Benedikt, natürlich „unbeschuht", in Richtung Mekka und verharrt in stiller Andacht. Später tauschen die beiden Religionsführer gleichsam Friedenstauben aus: Benedikt erhält als Geschenk einen islamischen Gebetsspruch in Taubenform – er revanchiert sich mit einer Taubenszene auf einem Mosaik. Nach und nach zeichnet sich ein Stimmungsumschwung in der Öffentlichkeit zugunsten des Pontifex ab. Nach der Kritik vor Benedikts Ankunft nun Lob und Sympathie.

Premiere „Papstkalender"

Dass Benedikt XVI., obgleich zurückhaltend und oft etwas professoral, durchaus auch einfache Gläubige überraschen kann, erweist sich etwa Ende 2006. Denn da erscheint ein Papst-Kalender, der die Gläubigen ins neue Jahr begleitet. Es handelt sich um eine Beilage der katholischen Zeitschrift „Famiglia Cristiana", mit einem Aufpreis von fünf Euro. Tatsächlich hatte der Heilige Vater einem Fotografen des Blattes im Sommer erlaubt, mit ihm zusammen einen Tag in Castel Gandolfo zu verbringen, wobei er sich ständig ablichten ließ.

Somit sieht man den Ratzinger-Papst etwa beim Spaziergang (gemessenen Schrittes) im Park der Sommerresidenz, beim Gebet in seiner Privatkapelle oder in der Bibliothek beim Durchblättern eines Buches. Andere Fotos zeigen Benedikt, wie er eine Ausgabe der Paulus-Briefe liest, wie er das malerische Panorama der nahen Albanerberge bewundert oder wie er an einem Brunnen mit Wasser spielt.

„Es ist das erste Mal, dass sich ein Papst für einen Kalender fotografieren lässt", staunen italienische Medien über die ungewöhnliche Publikation. Wenn Benedikt sein Plazet gab, dann deshalb, weil die Sache ja einem guten Zweck dient: Ein Euro des oben erwähnten Verkaufspreises nämlich kommt auf Wunsch des Pontifex einem Hilfsprojekt in Ruanda zugute. Und zwar der „Kinderstadt Nazareth", die in 24 Gebäuden rund 300 Bambini in dem vom Bürgerkrieg verwüsteten schwarzafrikanischen Land beherbergt und versorgt. Ein großes Projekt, das vom Päpstlichen Familienrat gefördert wird.

II. Solidarität, Gerechtigkeit, Hoffnung – Benedikt bis Mitte 2011

Zu Benedikt geht man vor allem, um ihn zu hören. Er ist ein bedeutender Prediger. Dieser Papst kann die christliche Botschaft zugleich vertiefen und sie in verständlicher Sprache vermitteln.

Kardinal Walter Kasper

Mit dem neuen Papst hat die Kirche ihren Beckenbauer gefunden – einen zurückgezogenen Regisseur, der aber lange Pässe in die Tiefe schlagen kann und beim Spiel das ganze große Team der Kirche einbezieht.

Kardinal-Staatssekretär Tarcisio Bertone

Die Begegnung mit Benedikt XVI. war einer der bewegendsten Momente meines Lebens.

Franz Beckenbauer

In der Suppenküche

Mit „Benedetto-Benedetto"-Rufen wird der Heilige Vater empfangen, als er Anfang Januar 2007 die große Mensa der Caritas auf dem römischen Hügel Oppio besucht. Dort erhalten täglich über 400 Arme und Obdachlose – vornehmlich Immigranten – warmes Essen. Schon Benedikts Vorgänger hatte dieser wohltätigen Einrichtung einen Besuch abgestattet, und just auf den Namen Johannes Pauls II. wird sie nun vom Ratzinger-Papst getauft.

Den Einsatz der ehrenamtlichen Helfer würdigt Benedikt XVI. als vorbildliche Geste der Solidarität. In dieser Mensa, sagt er, tritt gewissermaßen Jesus Christus täglich in Erscheinung: Hier will man nicht bloß Essen austeilen, sondern dem Menschen dienen, ohne Unterscheidung von Rasse, Religion, Kultur. „Wenn wir den Nächsten lieben, lernen wir Gott besser kennen."

Lächelnd schüttelt der Papst viele Hände. Die Freiwilligen der Caritas überreichen ihm einen symbolischen Ausweis als „Ehrenmitglied dieser Armen-Mensa" sowie eine Schürze, als Sinnbild der Helfer. Das Katholikenoberhaupt revanchiert sich großzügig: Mit einem Scheck über 100 000 Euro für die römische Caritas sowie Tausenden von Decken und

Windjacken für die Notleidenden. Radio Vatikan berichtet ausführlich über den Mensa-Besuch – unter der Überschrift: „In der Suppenküche."

Das Buch über Jesus

„Ein Buch des Papstes über Jesus – das ist einzigartig in der Geschichte", freut sich der Herder-Verlag, der im Frühjahr 2007 Benedikts Opus „Jesus von Nazareth" herausbringt. Es handelt sich um den ersten Teil eines (zunächst übrigens mit Bleistift geschriebenen) Werkes aus der Feder Joseph Ratzingers, der – als Theologieprofessor und späterer Kurienkardinal – schon seit rund 50 Jahren viel in dem renommierten Freiburger Verlag veröffentlicht hat.

In dem neuen, in der ganzen katholischen Welt vielbeachteten Buch beklagt Ratzinger gleich im Vorwort den sich vertiefenden Riss zwischen dem „historischen Jesus" und dem „Christus des Glaubens". Der Eindruck sei entstanden, dass wir wenig Sicheres über Jesus wissen und dass der Glaube an seine Gottheit erst nachträglich sein Bild geformt hat. Das aber sei dramatisch für den Glauben, weil er keinen festen Bezugspunkt mehr hat. Demgegenüber wolle er, der Autor Joseph Ratzinger, jetzt versuchen, den Heiland der Evangelien als den „historischen Jesus" darzustellen. Denn dieser Jesus der Bibel „ist eine historisch sinnvolle und stimmige Figur".

Den Verdacht, er habe mit dem neuen Werk einen lehramtlichen Akt im Sinn, wehrt Benedikt XVI. sogleich ab. Nein, das Buch über Jesus ist nur „der Ausdruck meiner persönlichen Suche nach dem Antlitz des Herrn". Mit der für ihn typischen Diskussionsbereitschaft fügt der „Professor Papst" hinzu: „Es steht deshalb jedermann frei, mir zu widersprechen."

Papst hinter Panzerglas?

Generalaudienz Anfang Juni 2007. Wie üblich fährt Benedikt am Schluss grüßend durch die Menge, als plötzlich ein junger Deutscher in kurzen Hosen und mit Baseballmütze über die Absperrschranken hinweg auf das Papamobil zuhechtet. Die vatikanischen Sicherheitskräfte, also die Schutzengel des Heiligen Vaters, überwältigen den offenbar leicht Geistesgestörten. Offiziell spielt man den Vorfall zwar herunter, zumal da sich beim Verhör herausstellt, dass der unbewaffnete Deutsche dem

Pontifex nicht nach dem Leben trachtete, sondern sich bloß wichtig machen wollte. Doch hinter den Kulissen löst der „Pilgersprung" tiefe Besorgnis um die Unversehrtheit des Heiligen Vaters aus.

Düstere Erinnerungen werden wach – an das lebensgefährliche Attentat des Terroristen Ali Agca (bei einer Generalaudienz 1981) auf Johannes Paul II. Es bewirkte, dass jener Pontifex – zumindest in Italien – unter offenem Himmel den Jubel der Gläubigen bis zu seinem Tod fast ausschließlich in einem gepanzerten Papamobil entgegennahm. Jetzt, bei der erwähnten Audienz 2007, ist Benedikt im Papamobil weitergerollt; er merkte gar nichts von dem Zwischenfall.

Aber seine Schutzengel – von der Schweizergarde über das Gendarmenkorps des Heiligen Stuhls bis zum (italienischen) Inspektorrat für Sicherheit beim Vatikan – fragen sich nervös: Wie lassen sich derartige Besucher-Aktionen in Zukunft vermeiden? Wie vor allem kann man ein eventuelles blutiges Attentat vereiteln? Schon heißt es, Benedikt werde fortan nur noch hinter Panzerglas herumfahren. Doch nichts da, der Papst stellt klar, dass er weiterhin das „direkte Bad in der Menge" wünscht. Trotz aller Gefahren.

„Schwimmt gegen den Strom!"

Glaubensfreude, Optimismus und Solidarität: Die Hauptakzente bei dem Treffen des Papstes mit 500 000 Jugendlichen im Wallfahrtsort Loreto an der Adria. In seiner Predigt fordert Benedikt die Teilnehmer zur Christus-Nachfolge, zum Einsatz für eine gerechtere Welt, aber auch zum Umweltschutz auf. Für die Rettung der Schöpfung Gottes müsse dringend etwas geschehen; mutige Entscheidungen sollen wieder einen festen Bund zwischen den Menschen und der Erde herstellen.

„Schwimmt gegen den Strom!" ruft der Petrus-Nachfolger den fahnenschwingenden, ihm zujubelnden Jugendlichen zu. „Hört nicht auf die Propagandisten von Lebensmodellen, die von Arroganz und Gewalt geprägt sind." Benedikt ermutigt zu alternativen Wegen: zu einem Lebensstil, der sich durch Nächstenliebe, aufrichtige Beziehungen und vollen Einsatz für das Gemeinwohl auszeichnet.

An dem Rock- und Pop-Konzert des Rahmenprogramms in dem Wallfahrtsort nimmt der Papst, ein Freund klassischer Musik, allerdings nicht teil. Er hört sich nur das von Startenor Andrea Bocelli gesungene „Ave Maria" an. Das Treffen in Loreto ist nach dem WJT in Köln die größte derartige Begegnung junger Christen mit dem Katholikenoberhaupt.

Ansporn für Athleten Christi

Auch Spitzensport darf nicht bei einem rein materiellen Leistungsdenken verharren, auch er soll stets auf einer ganzheitlichen Sicht des Menschen gründen: Kernsätze aus einer Ansprache von Papst Benedikt. Und zwar in der Privataudienz für 25 Mitglieder des (international erfolgreichen) Ski-Nationalteams aus Österreich. „Euer Vorbild", so der Heilige Vater, „möge andere anspornen, für das Bleibende, Gute zu kämpfen."

Inwiefern der Sport eine Vorbildwirkung hat? Laut Benedikt XVI. in vielfacher Hinsicht, etwa unter den Aspekten Ausdauer, Zielstrebigkeit, Einsatz- und Opferbereitschaft, Disziplin und Fairness. Somit können Top-Sportler Integrationsfiguren einer Gesellschaft sein, die zunehmend Werte und Orientierung verliert. Daraus folgt der ungewöhnliche Papstappell an die Ski-Asse: „Seid Athleten Christi, denn er ist's, der den Menschen das wahre Leben schenken will."

Enzyklika über die Hoffnung

„Spe salvi facti sumus", auf Hoffnung hin sind wir gerettet, heißt es im Paulusbrief an die Römer. Und just darauf bezieht sich der lateinische Titel der zweiten Enzyklika von Benedikt XVI.: „Spe salvi". Das Ende 2007 veröffentlichte Lehrschreiben trägt ganz die Handschrift des einstigen Theologieprofessors. Denn der Text, von Ratzinger hauptsächlich in den Sommerferien geschrieben, ist sehr theologisch-philosophisch.

Mit der Enzyklika will der Papst die christliche Hoffnung begründen und sie – indem er den Gläubigen Mut macht – wesentlich stärken. Den wahren Gott kennen zu lernen, so Benedikt, bedeutet Hoffnung empfangen. Die Glaubenskrise unserer Zeit ist vor allem eine Krise der Hoffnung. Ausführlich rechnet der Pontifex dann mit dem Marxismus ab. Dessen Hauptirrtum? Der Materialismus. „Der Mensch ist eben nicht nur Produkt der ökonomischen Zustände..." Auch gute Strukturen reichen da nicht aus. Wahre Hoffnung gibt es nur durch Gott.

Das Lehrschreiben löst lebhafte Diskussionen aus. Kardinal Lehmann, damals noch Vorsitzender des deutschen Episkopats, würdigt sie als großes und eindrucksvolles Dokument des christlichen Verständnisses der Hoffnung – und insofern als eine denkwürdige Ermutigung. Römische Medien kommentieren die Enzyklika kurz und bündig so: „Marx ist tot, die Hoffnung heißt Gott."

Info-Ethik gefordert

Ähnlich wie es auf dem Gebiet der Medizin und der mit ihr verwandten Forschung eine „Bio-Ethik" gibt, soll sich bei der sozialen Kommunikation eine „Info-Ethik" herausbilden. Diesen Wunsch äußert Benedikt XVI. in einem Schreiben (zum Welttag der Kommunikation 2008) an die Medienschaffenden. Infolge der rasanten technologischen Entwicklung, warnt der Papst, gewinnen die Medien wachsenden Einfluss – doch gerade dies wirft Probleme auf.

Zwar haben die Medien viel Positives geleistet. Aber allzu oft, beklagt der Pontifex, wird Kommunikation nur zu ideologischen Zwecken benützt oder zum Verkauf von Konsumgütern mittels einer übertriebenen Werbung. Weitere Sünden der Medien? Häufig, so das Katholikenoberhaupt, rechtfertigen sie „verzerrte Modelle des Familienlebens" und neigen aus purer Gier nach „audience" zu Vulgarität und Gewalt. Ein schlimmer Trend ist überdies die Manipulation der Ereignisse.

1: Papst Benedikt, ein leidenschaftlicher Klavier-
spieler mit einer Vorliebe für Mozart, hier am
„pianoforte" in seinem Urlaubsort im Aostatal.

2: Im Park des Brixener Priesterseminars:
Benedikt XVI., sein Sekretär Gänswein und sein
betagter Bruder Georg Ratzinger, der ihn regelmäßig
im Urlaub besucht.

3: Papst Benedikt, hier am Schreibtisch in Castel Gandolfo, arbeitet auch in seiner Sommerresidenz täglich mehrere Stunden.

4: Benedikt XVI., ein großer Freund der Berge, beim Spaziergang mit seinem Sekretär Georg Gänswein im Aostatal; beide beten den Rosenkranz.

5: Benedikt XVI. in der Bibliothek von Castel Gandolfo im Sommer 2006.

6: *Der Leipziger Maler Michael Triegel und sein Porträt von Papst Benedikt, bei dem sich die Betrachter dem „intensiven Blick" des Pontifex stellen sollen.*

7: „Ökumenische" Umarmung in Erfurt:
Papst Benedikt und EKD-Ratspräsident
Nikolaus Schneider 2011.

8: Freude über den Papstbesuch in Berlin:
Das Springer-Hochhaus mit Reproduktion der
„Bild"-Schlagzeile von 2005.

Eindringlich mahnt der Heilige Vater die Medienmacher: Sie dürfen nicht „Mikrophone des Materialismus und Relativismus, dieser Geißeln unserer Zeit, werden". Sondern sie sollen dazu beitragen, die Wahrheit über den Menschen zu erkennen und sie verteidigen. Alle in diesem Bereich Tätigen müssen sich ihrer Verantwortung bewusst sein. Der Päpstliche Rat für soziale Kommunikation erläutert im Vatikan die Papstbotschaft hocherfreut – und porträtiert sich bei diesem Anlass gleich selbst: Als „Freundesstimme für alle Medienmacher, die sich um korrekte Information bemühen".

Fiat voluntas tua

Im Lauf der Zeit kursieren über Benedikt mancherlei witzige Papstgeschichten. Eine davon dreht sich um die – natürlich erfundene – Privataudienz im Apostolischen Palast für den Chef des weltweit bekannten Autokonzerns Ford.

Der naive Amerikaner fragt: „Heiliger Vater, könnten Sie nicht das ‚Pater noster' so ändern, dass an irgendeiner Stelle das Wörtchen ‚Ford' vorkommt?" Der Pontifex ist entrüstet: „Kommt nicht in Frage!" - „Oh, Heiliger Vater, irgendwo, ganz unauffällig. Unser Konzern wird sich auch nicht lumpen lassen." - „Nein, das ist ein Ding der Unmöglichkeit." - „Und wenn ich Ihnen zehn Millionen Dollar spende?" – Benedikt schüttelt empört den Kopf. „Dann", so der Ford-Boss, „sagen Sie mir wenigstens, was Fiat für die Formel ‚Fiat voluntas tua' bezahlt hat."

Geburtstag im Weißen Haus

Die politisch wichtigste Reise Benedikts in den ersten Jahren seines Pontifikats – nach Washington und zur UNO in New York – ist zugleich eine Tour voller Emotionen. Schon deshalb, weil Joseph Ratzingers Besuch im Weißen Haus 2008 zufällig mit seinem 81. Geburtstag zusammenfällt. Die im Garten des White House versammelten Gäste singen „Happy Birthday!" für ihn. Und US-Präsident Bush begrüßt den hohen Gast: „Unsere ganze Nation ist gerührt und geehrt, dass Sie Ihren Geburtstag gerade hier feiern." Er, George W. Bush, teile den Einsatz des Pontifex „gegen die Diktatur des Relativismus" und für eine gerechte, friedfertige Gesellschaft.

Begeisterung schlägt dem Papst beim Gottesdienst im Washingtoner Sportstadium entgegen. Dabei redet Benedikt den amerikanischen Katholiken deutlich ins Gewissen, indem er Konsumismus und den Verfall moralischer Werte geißelt. An der Messe nehmen auch 16 Indianer aus den Reservaten teil. Tief bewegt ist der Pontifex, als er – vor der Abreise nach New York und seiner Rede im Glaspalast der UNO – in Washington mit fünf Opfern pädophiler Priester zusammentrifft. Sie schildern ihm ihren Leidensweg, er betet mit ihnen. Der Öffentlichkeit gefällt diese Geste. Die den Papst begleitenden Journalisten staunen: Mit keiner Messe „hat Benedikt die Amerikaner so beeindruckt wie durch das Treffen mit den Missbrauchsopfern".

Fan von Kommissar Rex

Die Brüder Ratzinger verbindet vieles: Erinnerungen an die Kindheit in Oberbayern, tiefe Religiosität, die gemeinsame Priesterweihe, innige Freude an der Musik – und, ganz am Rande, die Sympathie für Katzen und Hunde. Als Theologieprofessor in Regensburg besaß Joseph Ratzinger eine Siamkatze; als Kurienkardinal kümmerte er sich rührend um streunende „Samtpfoten" vor seinem Amtsgebäude. Und im Vatikan oder Castel Gandolfo schauen sich viele Jahre später – wie Georg Ratzinger in dem schon erwähnten Buch erzählt – der Heilige Vater und sein Bruder gern die Fernsehserie „Kommissar Rex" an, „weil wir auch Hunde gern haben". Aber nicht nur deshalb ...

Beide nämlich sind mit dem Besitzer des Schäferhundes Rex, der die Hauptrolle spielt, Herrn Helmut Brossmann, gut bekannt. Er wohnt nahe bei Regensburg, ist auch Manager und hat etwa für die Regensburger Domspatzen „schon einiges organisiert". Brossmann konvertierte einst zum Katholizismus, Prälat Georg wurde sein Firmpate. Er hat neben der Schäferhundezucht, aus der die beiden Rex-Darsteller hervorgingen, noch einen ganzen Tierpark und ist überdies Mitbesitzer der berühmten Bernhardinerzucht auf dem Großen St. Bernhard.

Vom „Kommissar Rex" abgesehen, berichtet der Prälat, sieht sein Bruder, der Papst, nur selten fern – „höchstens mal einen Videofilm, der in irgendeiner Beziehung zum Vatikan oder zu einer bevorstehenden Selig- oder Heiligsprechung steht".

Pontifex der Bestseller

Gut drei Jahre nach dem Beginn des Pontifikats heißt es in Rom: *Einen* Rekord hat Benedikt XVI. allemal schon aufgestellt. Denn er ist laut etlichen Verlagsangaben ein Bestsellerautor, wie ihn die Kirche noch nie erlebt hat! Allein sein Buch „Jesus von Nazareth" erzielte weltweit eine Auflage von 2,5 Millionen. Und von seinen (bis dahin) zwei Enzykliken, die auch im Internet veröffentlicht sind, wurden insgesamt drei Millionen Exemplare verkauft. Eine Überraschung? Ja, denn da zeigt sich, dass trotz fortschreitender Säkularisierung ein enorm breites Interesse an hervorragenden Büchern über den Glauben besteht.

Der Freiburger Herder-Verlag will nun gemeinsam mit der Vatikanischen Verlagsbuchhandlung (LEV) Joseph Ratzingers Gesamtwerk – die Opera Omnia – veröffentlichen. Einmalig zu Lebzeiten eines amtierenden Papstes! Geplant sind 13 Bände. LEV-Direktor Don Giuseppe Costa wirbt für die umfangreiche Edition, weil die Katholiken ja „in Ratzinger einen sicheren religiösen und kulturellen Bezugspunkt haben".

Bemerkenswert im gleichen Kontext: Wie schon 2008 ist Benedikt auch 2009, wie es die Presse formuliert, „einsame Spitze bei der Medienpräsenz".

Das geht aus der jüngsten Studie des Instituts „Media Tenor" hervor. Die Forscher untersuchten Statements in 30 Fernsehprogrammen in neun nicht-islamischen (voran christlichen) und vier islamischen Ländern. Am weitaus häufigsten unter den religiösen Führern kommt da der Papst zu Wort – auf Platz 2 der Liste steht der iranische Mullah Ayatollah Khameini.

Bio-Garten für Benedikt

Der Ratzinger-Papst hat durchaus einen „grünen touch". Was er nicht nur durch seine zahlreichen offiziellen Appelle für den Umweltschutz beweist, sondern auch ganz privat – im Vatikan. So gibt es, wie der „Osservatore Romano" 2008 verrät, im Schatten des Petersdoms ein Bio-Gärtchen. Dort, neben dem Kloster „Mater Ecclesiae", werden auf einem kleinen Gelände Obst und Gemüse „auf strikt natürliche Weise ... für den Tisch des Papstes angebaut". Überhaupt soll laut Benedikts Anordnung in den Vatikanischen Gärten, die immerhin die Hälfte des Kirchenstaats ausmachen, so wenig Chemie wie möglich verwendet werden.

Dass der Vatikan auch beim Thema „Umweltschutz

durch alternative Energie" mit gutem Beispiel vorangeht, zeigt sich an der päpstlichen Audienzhalle. Da bei dieser unter Paul VI. errichteten Aula ohnedies das Dach repariert werden muss, entscheidet man 2007 (mit Benedikts Plazet), die Halle mit 5000 Quadratmetern Solarpaneels einzudecken. Das riesige Gebäude ist praktisch den ganzen Tag der Sonne ausgesetzt – folglich erwartete man zu Recht einen hohen Elektrizitätsgewinn.

Gedacht, getan. Der Solarstrom von der Audienzhalle nützt inzwischen vielen Zwecken im Vatikan. Auf derselben Linie liegt Benedikts Beschluss, auf ein umweltfreundliches Fahrzeug umzusteigen: Mercedes-Benz baut laut Meldungen (aus Stuttgart) von 2011 ein Papamobil mit Hybridantrieb. Dank einer aufladbaren Batterie könne der Heilige Vater dann 30 Kilometer emissionsfrei herumfahren. Vatikansprecher Pater Lombardi nennt den Pontifex geradezu einen „grünen Papst". Richtig – wie auch die Rede im Bundestag 2011 zeigt. O-Ton Benedikt im deutschen Parlament: Die ökologische Bewegung in der deutschen Politik „war ein Schrei nach frischer Luft, den man nicht überhören darf ... Die Bedeutung der Ökologie ist inzwischen unbestritten. Wir müssen auf die Sprache der Natur hören und entsprechend antworten."

Pilgerreise ins Heilige Land

Eine Pilgerfahrt zu den wichtigsten Wirkungsstätten Jesu, aber auch Begegnungen voll politischer Brisanz: Die Papstreise 2009 ins Heilige Land ist denkbar komplex. Einerseits Besuch der biblischen Stätten – andererseits Aufrufe zum Dialog der Religionen und Rückenstärkung für die in islamischen Gebieten oft schikanierten kleinen Christengemeinden. Einerseits Respekt für den Staat Israel – andererseits Verständnis für die Palästinenser.

Schon der Umstand, dass erstmals ein deutscher Papst das Land der Juden besucht, ist bedeutsam. Benedikt will die Beziehungen zwischen dem Heiligen Stuhl und der israelischen Welt verbessern. Außerdem appelliert er generell zur Versöhnung in der Krisenregion. Etappen in Israel? Etwa die Holocaust-Gedenkstätte Yad Vashem, der Gang zur Jerusalemer Klagemauer, die Messe in Nazaret und das Gebet in der Grabeskirche Jesu.

Sehr einprägsam sind auch die Reisestationen in Jordanien. So der Besuch in der Moschee Al-Hussein von Amman. Dabei fällt auf, dass die Jordanier (in Gestalt des Prinzen Ghazi bin Talal) dem Papst zum Zeichen ihres Entgegenkommens sagten, er brauche sich nicht – wie sonst üblich – die Schuhe auszuziehen. Die Gastgeber hatten einen Teppich aus dichten Matten in die Moschee gelegt; darauf schreiten der Pontifex und der Prinz in die Gebetsstätte – beide beschuht.

Hauptkapital: Der Mensch

Soziale Entwicklung darf nicht bloß auf Profit, sondern muss auf Solidarität und das Gemeinwohl zielen; Finanzspekulationen sind äußerst negativ. Das wichtigste Kapital ist der Mensch: Kernthesen aus der mit Spannung erwarteten, Mitte 2009 veröffentlichten Sozialenzyklika des Papstes. „Caritas in Veritate" lautet der Titel des umfangreichen Lehrschreibens „über die ganzheitliche Entwicklung des Menschen in der Liebe und der Wahrheit". Ein Dokument mit ausgeprägter Kritik am Kapitalismus.
Nötig ist nach den Worten Benedikts XVI. der Zugang zur Arbeit für alle. Der Markt darf nicht ein Ort für die Überwältigung des Schwachen durch den Starken werden. Auffallend ist eine neue Bewertung der Globalisierung: „Wir dürfen nicht nur ihr Opfer, sondern müssen Protagonisten sein, indem wir mit Vernunft vorangehen, geführt von Caritas und Wahrheit." Die Wirtschaft braucht für ihr korrektes Funktionieren eine Ethik, die den Menschen liebt. Und

das Sorgenkind Migration? Dazu mahnt Benedikt: Jeder Migrant ist eine zu respektierende Person; zugewanderte Arbeiter sind keine bloße „Ware".

Die Sozialenzyklika findet – besonders wegen der dramatischen, fast weltweiten Finanzkrise – breite Zustimmung. Vor allem natürlich in Kirchenkreisen. Sehr positiv urteilt etwa der Wiener Kardinal Schönborn. Dem Papst, sagt er, geht es um den „Mehr-Wert des Zusammenlebens". Benedikt mache deutlich, dass reine Gewinnmaximierung das menschliche Bedürfnis nach „mehr" nicht befriedigen kann. „Der Mensch braucht eine transzendente Dimension."

Segen mit Gips-Hand

„Papst im Urlaub gestürzt, Handgelenk gebrochen." Aufgeregt melden die Medien, was am 17. Juli 2009 frühmorgens in Benedikts Ferienvilla im Aostatal geschah. „Als echter Deutscher", vermerkt Italiens Presse ironisch-sympathisch, „biss Joseph Ratzinger die Zähne zusammen; er klagte nicht und zelebrierte sogar die Messe." Erst beim Frühstück bemerken die Mitarbeiter des Heiligen Vaters das stark angeschwollene rechte Handgelenk und drängen: „Schnell ins Krankenhaus von Aosta."

Dort diagnostizieren die Ärzte den Bruch des Handgelenks und raten zur Operation. Der Eingriff dauert 25 Minuten lang. Nach sechs Stunden kann Benedikt das Spital verlassen. Erschöpft, aber lächelnd. Er grüßt mit der Linken, denn das rechte Handgelenk (samt Unterarm) ist eingegipst.

Der Sturz des 82-jährigen Pontifex ruft große Besorgnis hervor. Doch der Vatikansprecher beschwichtigt: Nichts Schlimmes, der Heilige Vater fiel ganz zufällig hin, es war kein Schwächeanfall! Am Sonntag darauf besucht der Papst den piemontesischen Ort Romano Canavese. Mit mehreren tausend Menschen betet er dort den „Angelus" und hält eine Ansprache. Er segnet die Menge zunächst mit der Linken, am Schluss jedoch mit der eingegipsten Rechten. O-Ton Benedikt: „Wie Ihr seht, bin ich in meiner Bewegungsfreiheit etwas eingeschränkt – aber mit dem Herzen bin ich voll und ganz dabei."

„Raffael" aus Leipzig

„Da ist ja mein Raffael!" Mit diesen Worten begrüßt der Heilige Vater bei einer Audienz Anfang März 2010 den Leipziger Maler Michael Triegel. Unter Anspielung natürlich auf den genialen Renaissancekünstler Raffael, der mit einem Porträt von Julius II. eines der bekanntesten Papstgemälde der Kunstgeschichte schuf. In der Tat macht Triegel damals Skizzen des Katholikenführers. Sie dienen als Grundlage für ein Porträt, das Benedikt sitzend in Lebensgröße zeigt – ein Porträt, das vom Regensburger „Institut Papst Benedikt XVI." in Auftrag gegeben wurde und (nach Ausstellungen in Leipzig und Frankfurt) just nun dort hängt.

Michael Triegel, 41, in Erfurt geboren und in der DDR aufgewachsen, gehört keiner Kirche an. „Es bedrückt ihn, dass er nicht gläubig ist", schreibt die Agentur ddp über ihn und ergänzt, er habe beim Treffen mit dem Papst eine Art Erweckung erwartet. „Ich dachte, das wird mein transzendentales Erlebnis." Wurde es aber nicht ...

Allerdings erhielt der Künstler schon mehrfach kirchliche Aufträge. Bekannt ist er in Fachkreisen für eine Wiederbelebung des Malstils der Renaissance, die er oft durch verfremdende Elemente ergänzt. Mit dem Porträt von Benedikt XVI., so erläutert er, will er die Betrachter zum Nachdenken anregen. Sie sollten sich dem intensiven Blick Ratzingers, „in dem ja auch Fragen stecken", stellen. Ideal wäre es, wenn man vor dieses Bild „nicht nur als Betrachter, sondern auch als Betrachteter tritt".

Beten, arbeiten, musizieren

Nach fünf Sommern Bergurlaub verbringt Benedikt XVI. die heiße Jahreszeit 2010 erstmals gänzlich in Castel Gandolfo. Von dort sickern interessante Details durch. So reiben sich die Einheimischen an der Piazza vor dem Papstschloss verdutzt die Augen, als auf einem elektrisch betriebenen Golf-Car plötzlich der Pontifex und sein Bruder Georg lächelnd und grüßend vorbeifahren. Die Exkursion beweist erneut: „Papa Benedetto" fühlt sich in seiner Sommerresidenz wirklich zu Hause und zögert nicht, das Protokoll zu durchbrechen.

Der kurze Ausflug im Mini-Papamobil sowie etliche TV-Filme und Presseberichte lenken den Blick vieler Zeitgenossen auf die päpstlichen Ferien. „Ein Arbeitsurlaub", heißt es. Denn auch dann bleibt der Pontifex oberster Hirte der Weltkirche, weshalb er jeden Vormittag die Papiere aus dem Vatikan studiert und Entscheidungen trifft. Aber das ist nur ein Aspekt des Urlaubs „im Ratzinger-Rhythmus". Benedikts Tageslauf beginnt mit einem Gottesdienst, dann ein paar Stunden Aktenarbeit (wie erwähnt) und nach dem Mittagessen ein Spaziergang in Begleitung eines seiner beiden Sekretäre. Wobei der Papst zum Schutz vor der Sonne eine weiße Baseballmütze trägt.

Später schreibt Benedikt dem Vernehmen nach an seiner Jesus-Biografie. Anschließend hört er sich oft CDs mit klassischer Musik an oder setzt sich selbst ans Klavier und spielt Mozart, Schubert, Chopin. Es folgt ein längerer Spaziergang im Park, wobei der Papst und sein Sekretär den Rosenkranz beten. Fotos zeigen den Heiligen Vater, wie er an einem Teich die Goldfische und Karpfen mit Brotkrumen füttert. Gebet an einer Marienstatue – dann zurück zum Abendessen, bei dem man die TV-Nachrichten einschaltet. Um 21 Uhr zieht sich der Papst zurück.

Papstwappen im Campo Santo

Nur die wenigsten Besucher des Peterdoms wissen, dass 50 Meter vom größten Gotteshaus der Christenheit entfernt, hinter Mauern versteckt, ein kleiner „deutscher Friedhof" liegt: Der Campo Santo Teutonico. Damit verbunden sind eine Erzbruderschaft, eine Kirche, ein Kolleg und ein paar Gästezimmer. Alles in allem ein Beweis für die große, fast magische Anziehungskraft, die Rom und der Vatikan seit dem Mittelalter auf Katholiken aus dem deutsch-niederländischen Kulturraum ausübten.

Aber gibt es eine Beziehung zwischen Benedikt XVI., alias Joseph Ratzinger, und dieser deutschen Nationalstiftung? Ja, durchaus. Anfang 1982 nämlich, als der an die Kurie berufene Kardinal Ratzinger von München nach Rom übersiedelte, war seine Dienstwohnung nahe dem Petersplatz noch nicht fertig. Deshalb wohnte er einige Monate lang im „Campo Santo". Der damalige Rektor Prälat Gatz erinnert sich: „Wir stellten einen freundschaftlichen Kontakt her und daraus ergab sich, dass er jede Woche einmal mit uns die Messe feierte." Nach seiner Wahl zum Papst kam Ratzinger noch einmal zu einem Gottesdienst.

Damit nicht genug: Benedikt XVI. ist, ohne sein Zutun, seit 2010 auch vor der Friedhofskirche verewigt. Denn eine rund 100 Jahre alte Verfügung des Rektors besagt, dass an jeden Papst, der irgendetwas für den „Campo Santo" tat, dort erinnert wird – durch sein Wappen. Nach Umbauarbeiten an dem Gotteshaus hat man deshalb die Sockel der beiden Säulen, die das Dach des Portikus tragen, neu gestaltet. Einer zeigt das Wappen der Erzbruderschaft, das andere jenes vom Pontifex aus Oberbayern. Kreiert wurden die Werke vom Steinbildhauermeister Franz Seidl – ebenfalls ein Bayer.

Licht der Welt

Ein Novum in der Kirchengeschichte: Benedikt macht's möglich. Nie zuvor nämlich hat sich ein Papst in einem Interview so ausführlich zu aktuellen Fragen von Kirche und Gesellschaft geäußert, wie er dies in dem Buch „Licht der Welt" tut. Ein Opus, das auf langen Gesprächen mit dem bayerischen Autor Peter Seewald basiert und im November 2010 – gleich in acht Sprachen – erscheint. Seewald, in seiner Jugend aus der katholischen Kirche aus- und später wieder eingetreten, durfte den Papst an sechs aufeinanderfolgenden Tagen in seiner Sommerresidenz, Castel Gandolfo, für je eine Stunde unter vier Augen sprechen. Bereits mit dem Kurienkardinal Ratzinger hatte der Journalist zwei solcher Interviewbände veröffentlicht. Und er bekennt mit Blick auf seine Rückkehr in die katholische Kirche: „Der Mann wurde mein Schicksal."

„Familiär, vertraulich, ironisch, vor allem aber einfach und wahrhaftig", so charakterisiert ein Kurienbischof den Stil des Interview-Bandes bei dessen Präsentation im vatikanischen Pressesaal. Schon der enorme Andrang zu dieser Pressekonferenz beweist das große Interesse an dem Werk. Der Papst, so zeigt das opus, wich keiner Frage von Seewald aus. Er spricht unter dem Eindruck der schockierenden Missbrauchsfälle über die Krise in der Kirche, über Sexualität, Reformen, Ökumene und den Werteverlust der Gesellschaft. Er gibt Irrtümer zu, er lässt sich in die Karten schauen. Sein Appell: Es ist höchste Zeit für Besinnung und Umkehr. Das Buchcover mit der Handschrift des Papstes (in rot) verdeutlicht die Authentizität des Marathon-Interviews. „Licht der Welt" wird ein globaler Bestseller – mit Übersetzungen in 28 Sprachen.

Sächsischer Stollen

Der deutsche Papst kann am Christfest 2010 sächsischen Weihnachtsstollen genießen. Denn bei einem Empfang im Vatikan (Mitte Dezember jenen Jahres) für Vertreter aus Politik, Tourismus und Wirtschaft aus dem ostdeutschen Bundesland überreicht Roman Clauß, Geschäftsführer der Mühlenbäckerei Mülsen im Erzgebirge, zwei Stollen für den Heiligen Vater. Benedikts Privatsekretär Monsignore Georg Gänswein nimmt die schmackhafte Gabe entgegen. Außerdem spendet die Mühlenbäckerei der in Rom etablierten katholischen Gemeinschaft Sant' Egidio 2000 Portionen Stollen für das traditionelle Weihnachtsessen dieser Comunita' mit Armen und Obdachlosen am 25. Dezember. Kuchen-Spender Clauß war mit der sächsischen Delegation angereist, die noch etwas Besonderes für die Stadt des Papstes mitbrachte: Eine lebensgroße Eichenholzkrippe aus Zwickau, die man bis Anfang Februar 2011 im römischen Pantheon bewundern konnte.

Mit Kölner Karnevalisten

Es begann im September 2010. Das Festkomitee Kölner Karneval fragte bei Kardinal-Erzbischof Joachim Meisner an: Ob er wohl eine Audienz für das Spitzentrio der „Jecken" beim Heiligen Vater vermitteln könne? Der Oberhirte versprach sein Bestes, stellte aber die Bedingung: „Ich mach' das nur, wenn ich mitfahren kann."

So kommt es in der Tat zu einem Termin im Vatikan. Anfang Februar 2011 empfängt Benedikt XVI. im Rahmen einer Generalaudienz kurz das sogenannte „Dreigestirn", sprich: das mittlerweile inthronisierte Führungstrio der Karnevalisten, das traditionell aus Prinz, Bauer und Jungfrau (drei trinkfesten Männern) besteht. Der Pontifex in schlichter weißer Soutane – die Kölner Narren dagegen in vollem Ornat mit bunten Kappen.

Nach dem allgemeinen Teil der Veranstaltung in der Audienzhalle, bei der Benedikt über die Bedeutung des Gebets spricht, begrüßt der Papst das Dreigestirn. „Ich finde es schön, dass der Kölner Karneval bis nach Rom reicht", betont er. Und nimmt gern den Karnevalsorden an, den ihm die Jecken überreichen. „Prinz Frank I.", bürgerlich Frank Steffens, ist von der Begegnung geradezu ergriffen. Karnevalisten, meint er, können ja Freude schenken – aber ihnen selbst gebe auch der Glaube viel Freude. Dass es eine „Parallele zwischen Kirche und Karneval" gibt, ist für ihn als Rheinländer jedenfalls „ganz eindeutig".

Korbinian in der kleinen Hölle

Bayerische Spuren in der Diözese des Bischofs von Rom! Konkret: In einem Stadtrandviertel, in dem einst unheimliche schwarze Köhler rauchten und das seither den Namen „Infernetto" (kleine Hölle) trägt. Just dort nämlich weiht Papst Benedikt im März 2011, umringt von vielen Gläubigen, die erste italienische Kirche mit dem Namen San Corbiniano ein. Ein Gotteshaus, das in direktem Bezug zu seiner eigenen Laufbahn steht und das nun

Titelkirche des zum Kardinal erhobenen Münchner Erzbischofs Reinhard Marx ist.

Joseph Ratzinger wirkte ja selber vier Jahre lang als Oberhirte von München-Freising. Also in jenem Bistum, das im Mittelalter vom heiligen Korbinian gegründet worden war. Benedikt XVI., der in seinem Papstwappen deshalb auch den legendären „Korbiniansbären" führt, erinnert in seiner Predigt an diese Zusammenhänge. An der Kircheneinweihung nimmt außer Würdenträgern der Diözese Rom (selbstverständlich) der „Titular" Kardinal Marx teil - aber auch dessen Amtsvorgänger in München, Kardinal Wetter. Denn gerade Wetter hatte es 2006 / 2007 eingefädelt, dass in Benedikts Diözese eine auf Korbinian bezogene Pfarrei entstand.

Eine in Italien somit höchst ungewöhnliche Ehrung für den Patron des Erzbistums München-Freising. Aus Bayern floss ein kräftiger finanzieller Zuschuss in die „kleine Hölle", wo die Gemeinde von San Corbiniano schon 4000 Familien umfasst. Der zuständige Pfarrer Antonio Magnotta: „Wir freuen uns über den guten Draht nach München und sind überzeugt, dass er generell dem Kontakt zwischen Rom und Deutschland nützt."

Seliger Papst Wojtyla

Fromme Lieder, Hochrufe, wehende Fahnen, jubelnde römische „Papaboys" und daneben Pilger aus Polen, Spanien, Brasilien, Nordamerika: Fast eine Million Menschen, ein Rekord, nimmt am 1. Mai 2011 an der Seligsprechung des Wojtyla-Papstes teil. Nur sechs Jahre nach dessen Tod. Dicht gedrängt stehen die Gläubigen vom Petersplatz bis hinter der Engelsburg am Tiber. Eine würdige, aber auch sehr freudige Feier der Weltkirche.

„Mit unserer apostolischen Autorität erlauben wir, dass der verehrungswürdige Diener Gottes Johannes Paul II. von nun an selig genannt werden darf", erklärt Papst Benedikt. In diesem Augenblick wird ein riesiges Bild mit dem Foto des neuen „Beato" an der Fassade des Petersdoms enthüllt. Auf der Piazza bricht Beifall aus, vermischt mit dem Ruf „Santo subito", also der Forderung nach schneller Heiligsprechung, die schon bei der vom damaligen Kardinal-Dekan Ratzinger zelebrierten Begräbnisfeier für Johannes Paul 2005 laut geworden war. Und da gleichzeitig die Sonne hervorkommt, formuliert Radio Vatikan: „Augenzwinkernd konnte man dies als himmlische Zustimmung deuten."

Benedikt XVI. erinnert in seiner Predigt an die bewegende Begräbnisfeier nach Karol Wojtylas Tod

2005. Dann würdigt er, der trotz Beschleunigung des Seligsprechungsverfahrens sehr auf dessen Exaktheit achtete, Johannes Pauls große Verdienste: Er habe „mit der Kraft eines Riesen" Gesellschaft und Kultur sowie die Bereiche von Politik und Wirtschaft für Christus geöffnet. „Wir bitten dich, geliebter seliger Papst, stärke vom Himmel her weiter den Glauben des Volkes Gottes. Amen."

Gespräch mit Außerirdischen

Als erster Papst der Geschichte unterhält sich Benedikt XVI. mit Astronauten im Weltall. Und zwar Ende Mai 2011 in einer Live-Videokonferenz mit der zwölfköpfigen Besatzung der internationalen Raumstation ISS. „Willkommen an Bord der Raumstation, Eure Heiligkeit", begrüßen die „Außerirdischen" den Pontifex, der ihnen freundlich zuwinkt. Benedikt, der (in der Bibliothek des Vatikans sitzend) über einen Bildschirm mit der ISS verbunden ist, freut sich über die „einzigartige Gelegenheit" dieses Kontakts. In der 20-minütigen Plauderei würdigt er den Mut, die Disziplin und das Engagement der Crew; dann erkundigt er sich über deren Empfindungen beim Flug über die Erde. An

Benedikts Seite in der Vatikanbibliothek: Der deutsche Ex-Astronaut Thomas Reiter, der einige Jahre zuvor mit 117 Tagen Aufenthalt im All einen europäischen Rekord aufgestellt hatte.

60 Priesterjahre – 60 Goldfische

Am 29. Juni 2011 feiern der Papst und sein Bruder im Vatikan ihr „diamantenes Priesterjubiläum", also den 60. Jahrestag ihrer Weihe (im Freisinger Dom). Aus diesem Anlass ist Prälat Georg Ratzinger eigens nach Rom geflogen. Nach einer privaten Messe in Benedikts Privatkapelle nimmt er am Pontifikalhochamt zum Kirchenfest „St. Peter und Paul" im Petersdom teil. Auch wenn im Mittelpunkt dabei die Übergabe des Palliums an 40 Erzbischöfe aus 24 Ländern steht, so erinnert der Ratzinger-Papst doch in seiner Predigt an jene Zeremonie anno '51, die ihn so nachhaltig prägte.

Auch 60 Jahre nach seiner Priesterweihe, so Benedikt XVI., höre er inwendig wieder, wie damals der greise Münchner Kardinal-Erzbischof Faulhaber den Neupriestern das Wort Jesu „Nicht mehr Knechte, sondern Freunde nenne ich euch" zusprach. „Ich wusste: In dieser Stunde sagt der Herr es zu mir ganz persönlich ... Er nennt mich Freund. Er nimmt mich in den Kreis derer auf, die er auf ganz besondere Weise kennt und die ihn in so besonderer Weise kennen lernen." Gleichsam als „Zuspruch von oben" erschien ihm, dass ein Vogel im Moment der Handauflegung durch den Erzbischof vom Hochaltar aufstieg und „ein kleines Jubellied trällerte". Filmaufnahmen der Priesterweihe sind inzwischen sogar als DVD erhältlich.

Kuriosum am Rande: Italienische Kinder des Verbandes „Don Orione" schenken dem Papst zum 60. Priesterjubiläum 60 Goldfische. Bei einer Generalaudienz überreichen sie dem überraschten Petrus-Nachfolger ein Gefäß mit den schwimmenden Wirbeltieren. „Wir wissen ja, dass Petrus ein Fischer war." Die Goldfische kommen dann in die Brunnen der Vatikanischen Gärten.

III. BERLIN, ERFURT, FREIBURG – BENEDIKT IN DEUTSCHLAND

Es war auf jeden Fall ein herausragender Moment in der Geschichte des Bundestages. Es hat noch nie ein Papst im Bundestag geredet. Und die Rede von Benedikt XVI. gibt zu denken.

SPD-Generalsekretärin Andrea Nahles

Ich war sehr beeindruckt, mit welchem Mut er bei seinem Besuch geradezu wie ein Pflug durch den Acker fuhr, um völlig unbeirrt als guter Hirte die Botschaft zu verkünden, auch wenn diese oft, wie Medizin, ein wenig bitter schmeckt.

Autor Peter Seewald

Heiligkeit, Ihr Besuch [...] hat viele Menschen begeistert und angespornt, über die wichtigen Fragen – auch des Glaubens – weiter im Gespräch zu bleiben oder neu ins Gespräch einzutreten. Dafür nochmals von Herzen: Danke!

Bundespräsident Christian Wulff

Aufgeheizte Stimmung

Kaum eine andere Reise Benedikts entfacht – wenn auch nur im Vorfeld – derart heftigen Streit wie ausgerechnet die in seine deutsche Heimat. Also der (mit einer Pastoralvisite verbundene) Staatsbesuch Ende September 2011. In Berlin wollen Papstgegner den Besuch stören. Sie planen, durch bildgewaltige Auftritte Benedikt XVI. und die Kirche schlechthin zu diskreditieren. Schon heißt es, 20 000 Demonstranten stünden bereit. Aufgeheizte Stimmung also.

Das rüttelt auch Benedikts Verteidiger auf. In Berlin tun sich, besonders auf Initiative von Dr. Bernadette Droste, engagierte katholische und evangelische Christen aus der Ministerialverwaltung und den Medien zusammen, um der Anti-Papst-Kampagne entgegenzuwirken: In einem großen, von vielen Persönlichkeiten unterzeichneten Zeitungsinserat will man den Heiligen Vater willkommen heißen.

Auszüge aus dem Anzeigentext: „Wir begrüßen Benedikt XVI. als Katholiken-Oberhaupt und als einen der weltweit bedeutendsten Intellektuellen unserer Zeit in Deutschland." Dieser Papst suche den Dialog innerkirchlich und innerchristlich, aber auch (wie das geplante Treffen in Assisi zeigt) interreligiös und international. Benedikt prangere „voller Scham das kriminelle Fehlverhalten unter dem Dach der Kirche an" und predige Buße und Wiedergutmachung. Aus diesen und anderen Gründen „wünschen wir uns ein offenes Ohr für das, was der Papst uns Deutschen zu sagen hat". Kurzum: Eine exzellente ökumenische Kampagne „pro Benedikt". Das ganzseitige Inserat erscheint in der „Frankfurter Allgemeinen Sonntagszeitung"; viele Medien berichten über die Kampagne.

Schöner glauben

Vor der Deutschlandreise suchen die Medien nach allen möglichen „Aufhängern" für Stories rund um Benedikt XVI. Wer hat die ausgefallenste, ja verrückteste Idee? Wohl das Stuttgarter Blatt „Sonntag Aktuell", das anlässlich wichtiger Details der Papstkleidung bei der Messe den Lesern „Tipps für das richtige Outfit" gibt.

Beispiele? Da bei Gottesdiensten der Pontifex über den Schultern die wollene Stola „Pallium" trägt, rät die Gazette: Auch im kommenden Winter wird der Schal wieder ein unentbehrliches Accessoire sein. „Dabei sollte man die lockere ‚vatikanische' Wickeltechnik benützen, also geknotet als Y-Form oder asymmetrisch über die Schultern drapiert." Zur Kopfbedeckung heißt es: Wie ein goldener Wehrturm sitze die Mitra auf dem Kopf des Heiligen Vaters. Deshalb der Tipp: Schäfchen, die gut behütet sein wollen, „tragen eine der überdimensionalen Kreationen aus den neuen Winterkollektionen". Ein Foto von Benedikt im prächtigen grünen Messgewand und roten Schuhen ziert den Artikel. Überschrift: „Schöner glauben."

Sternstunde im Bundestag

Großer Bahnhof für den deutschen Papst in der deutschen Hauptstadt. Als Benedikt am 22. September 2011 auf dem Berliner Flughafen eintrifft, warten Bundespräsident Wulff und Kanzlerin Merkel, um ihn unter Salutschüssen willkommen zu heißen. Später, bei der offiziellen Begrüßung im Schloss Bellevue, setzt der Heilige Vater – wie es der Generalsekretär der Deutschen Bischofskonferenz, Pater Hans Langendörfer, formuliert – dem ganzen Besuch „einen Notenschlüssel voran": Er sei gekommen, um den Menschen zu begegnen und über Gott zu sprechen. „Freiheit braucht die Rückbindung an eine höhere Instanz ... Und im menschlichen Miteinander geht Freiheit nicht ohne Solidarität."

Unterdes herrscht in Berlin weiterhin Angst vor Demos mit Krawallen. Auch als Benedikt XVI., vielfach geschützt, in das Reichstagsgebäude fährt. Bundestagspräsident Lammert würdigt das Ereignis: „Noch nie in der Geschichte hat ein Papst vor einem deutschen Parlament gesprochen." Dann passiert ein kleiner Fauxpas: Benedikt sieht zunächst in Lammerts erhöhtem Podium die Rednertribüne und geht auf sie zu; Lammert geleitet ihn zum „richtigen" Pult, tritt dabei aber versehentlich auf seine Soutane.

Der Pontifex lächelt scheu. Bei seinem Blick auf das Parlament muss er nicht bloß die 50 leeren Plätze in den Reihen der Linkspartei bemerken, sondern auch, dass 26 Abgeordnete aus Protest eine rote „Aids-Schleife" tragen. Dann trägt Benedikt seine Gedanken über die Grundlagen des Rechtsstaates vor. Eine Magna Charta der Demokratie mit christlichen Wurzeln. Oder, so die „Rheinische Post", das Programm „für einen freiheitlich organisierten Rechtsstaat, der auf christlicher Basis zerstörende Elemente wie Machtgier, Intoleranz und Ungerechtigkeit vermeidet." Nur einmal weicht Benedikt vom Protokoll ab. Als die Grünen sein Lob für die deutsche Umweltbewegung mit tosendem Beifall beden-

ken, beschwichtigt er den Verdacht Partei, zu ergrei-
fen: „Es ist wohl klar, dass ich hier nicht Propaganda
für eine politische Partei mache – nichts liegt mir
ferner als dies." Die Rede findet folgerichtig partei-
übergreifend positiven Anklang. Sogar die SPD-Generalsekretärin Andrea Nahles spricht von einem
„herausragenden Moment". „Sein Beispiel vom ,hö-
renden Herzen' von König Salomon – also der Fähig-
keit, Gut und Böse zu unterscheiden und Unrecht zu
bekämpfen – fand ich sehr treffend, zumal er festge-
stellt hat, dass es dafür keine einfachen Antworten
gibt." Wahrlich eine Sternstunde für den Bundestag.

Der Himmel über Berlin

Gut für den Pontifex und gut für den neuen Ber-
liner Erzbischof Woelki: Die angedrohten Kund-
gebungen sind „halb so wild". Statt der anvisierten
20 000 Papstgegner demonstrieren nur 2000 – und
gleichzeitig wächst die Anteilnahme an dem hohen
Besuch. Die zunächst vor dem Charlottenburger
Schloss geplante, quantitativ kleine Messe mit dem
Heiligen Vater musste ohnedies wegen der vielen
Anmeldungen ins Olympiastadion verlegt werden.
„Als das Papamobil ins Stadion einfährt, brandet

Jubel bei den gut 60 000 Gläubigen auf. Diesmal", schreibt Pater Langendörfer in dem Bildband „Papst Benedikt in Deutschland", „kann das Tempo auf der Rennbahn den Menschen gar nicht langsam genug sein." Der Pontifex fährt an winkenden Ministrantinnen und Ministranten vorbei; Tausende von Menschen schwenken Transparente mit dem Motto des Deutschlandbesuchs: „Wo Gott ist, da ist die Zukunft." Als sogar die Scheiben des Papamobils heruntergeschraubt werden, zeigt sich (so Langendörfer) ein fröhlich grüßender Benedikt. Man reicht ihm Babies, die er segnet und küsst. Mit „jedem Kuss geht eine Woge der Mitfreude durch das Stadion."

Da überrascht ein Wolkenbruch die Menschenmenge, unter ihnen viele Promis. Eilig hilft man der Bundeskanzlerin Merkel in ein Regencape. Doch so plötzlich er einsetzt, so schnell ist der Regen wieder vorbei; der Himmel über Berlin klart auf, und während der Papstpredigt hüllt die Abendsonne alles in warmes Licht. Von nun an soll die Sonne nie mehr von dem hohen Gast aus Rom weichen. Manchen Organisatoren erscheint das wie ein Zeichen des Himmels.

Herzenssache und Gemeinsamkeit

Berlin ist auch der Schauplatz von zwei denkwürdigen Papstbegegnungen – mit Vertretern der jüdischen Gemeinde und mit jenen des Islam. Der Präsident des Zentralrats der Juden in Deutschland, Dieter Graumann, lobt die Haltung des Heiligen Vaters: „Wir wissen, dass gerade Ihnen persönlich die Versöhnung mit dem Judentum immer eine Herzenssache war und ist." Benedikt XVI. dankt, erinnert an den Naziterror gegenüber den Juden und konstatiert mit Genugtuung, dass trotz des schlimmen Rufs Deutschlands als „Land der Shoah" neuerdings das jüdische Leben hier wieder aufblüht. Zwischen dem jüdischen Volk und der katholischen Kirche entstand Vertrauen – „und es muss weiter wachsen".

Am zweiten Tag des Deutschlandbesuches, vor dem Abflug nach Erfurt, empfängt der Pontifex mit seinem Gefolge 15 Vertreter des Islam. Bedeutsam gerade in Berlin, wo besonders viele Moslems leben. Professor Khorchide (Universität Münster) würdigt die Errichtung islamischer Lehrstühle an deutschen Hochschulen als Dialog-Plattform. Und er begegnet dem Ratzinger-Papst, der ja Theologe ist, als Theologe in der Frage nach dem Gottesverständnis im Islam und im Christentum. Auch Benedikt unterstreicht das Gemeinsame und plädiert für eine „fruchtbare Zusammenarbeit". Denn als Glaubende „können wir ein Zeugnis in vielen Bereichen des gesellschaftlichen Lebens geben". Etwa beim Schutz der Familie, bei der Ehrfurcht vor dem Leben und der Förderung sozialer Gerechtigkeit.

Ungeheuer wichtig

Die zweite Reiseetappe: Erfurt. Thüringen ist für Benedikt XVI. ja kein unbekanntes Land. Denn als Theologieprofessor hielt er seit den 1960-er Jahren mehrfach Gastvorlesungen im Erfurter Priesterseminar. Eben dort lernte ihn der damalige Student Joachim Wanke – inzwischen Bischof von Erfurt und somit Gastgeber des Papstes – kennen. Hintergrund: Wanke war Schüler des mit Ratzinger befreundeten Neutestamentlers Heinz Schürmann. „Wir bemühten uns damals", erinnert sich Wanke, „für die Priesterausbildung in der DDR auch Theologen von außerhalb zu gewinnen. So kam Professor Ratzinger zu uns."
Worüber hat der Gast aus dem „Westen" damals gesprochen? Über zentrale dogmatische Fragen sowie über das Verhältnis von Glaube und Wissen. Für die

Seminaristen, Priester und Theologen in der DDR hatte dies große Bedeutung, weil sie nach den Worten Wankes den Wissenschaftsanspruch der kommunistischen Ideologie „entmythologisieren" wollten. „Die Besuche von Ratzinger und anderen bedeutenden Theologen waren für uns eine ungeheuer wichtige Erweiterung unseres Studienangebots."

Anlässlich eines Privatbesuchs bei Schürmann äußerte der Gast einmal den Wunsch, die Klassikerstätten in Weimar und Jena kennen zu lernen. Also durfte der Student Wanke „die beiden Herren in einem Trabbi durch das Thüringer Land kutschieren". In einem Hotelrestaurant in Weimar musste das Trio eine halbe Stunde im Vorraum warten, bis es einen Tisch bekam, wie es in der DDR eben oft geschah. Was die schwierige Lage der Christen in der DDR anlangt, so hat Joseph Ratzinger sie „sicher wachen Geistes wahrgenommen".

Ökumene im Kloster Luthers

Vom Erfurter Flughafen, wo ihn vor allem die thüringische Ministerpräsidentin und evangelische Theologin Christine Lieberknecht und Bischof Wanke begrüßen, fährt der Heilige Vater zunächst zum Mariendom. Also zur bedeutendsten mittelalterlichen Kathedrale Ostdeutschlands. Stille Gebete an verschiedenen Stätten im Dom, dann begibt sich Benedikt in das Augustinerkloster, wo einst Martin Luther sieben Jahre lang als Mönch lebte, wo er 1507 seine erste Messe las, wo sein theologischer Weg begann.

Hier trifft sich der Papst, begleitet von 20 katholischen Würdenträgern, mit einer Delegation des Rates der Evangelischen Kirche Deutschlands (EKD). Das Kloster Luthers – ein symbolischer Ort für diesen ökumenischen Gipfel. Dabei stand das Augustinerkloster zunächst gar nicht auf der Tagesordnung. Benedikt höchstpersönlich insistierte jedoch darauf, der „Begegnung mit den evangelischen Christen gebührenden Raum" zu geben, und setzte sich somit gegen die Planungen – von Deutscher Bischofskonferenz, Apostolischer Nuntiatur, dem vatikanischen Staatssekretariat und dem Bundespräsidenten – durch, ein Gesprächstreffen lediglich auf katholischem Terrain, im Kreuzgang des Erfurter Domes, abzuhalten. Vor Ort betont der EKD-Ratsvorsitzende Schneider die Gemeinsamkeiten zwischen Protestanten und Katholiken. Gerade in der Diaspora werde den Christen beider Kirchen klar, „dass uns viel mehr verbindet als uns trennt". Papst Benedikt bezeichnet den „Säkularisierungsdruck" als gemeinsame Herausforderung. Luthers Frage nach Gott müsse wieder neu gestellt werden.

Zu den Klängen von „Nun singe Lob, du Christenheit" ziehen die Teilnehmer des Spitzengesprächs dann feierlich in die Kapelle des Klosters ein – zu einem ökumenischen Gottesdienst. Auffallend dabei ist Benedikts Warnung vor einem „selbst gemachten Glauben". Nur durch „tieferes Hineindenken und Hineinleben in den Glauben wächst Einheit". Nach der Papstrede eine spontane Geste der Verbundenheit: Sowohl der Pontifex wie auch Präses Schneider erbitten Gottes Segen für die mitfeiernden Gläubigen.

Marienvesper im Eichsfeld

Trotz des Schwerpunkts Ökumene vergisst der Papst nicht, sich auch in Thüringen direkt an die Katholiken zu wenden, um ihnen den Rücken zu stärken. Und zwar im Eichsfeld, einer katholischen Enklave. In dieser „Heimat der Standhaften" konnten weder das Naziregime noch die SED-Diktatur die heute rund 83 000 Katholiken im Nordwesten Thüringens von ihrem Glauben abbringen. Eine zentrale religiöse Rolle dort spielt die mit einer Marienlegende verbundene Wallfahrtskapelle Etzelsbach.

Als Benedikt von Erfurt aus per Hubschrauber nach Etzelsbach fliegt, haben sich schon Zehntausende auf dem Feld vor der Gnadenkapelle versammelt. Man hatte im Höchstfall mit 60 000 Pilgern gerechnet – doch am Ende waren es über 90 000. Sie begrüßen den Heiligen Vater, der sich zu einer großen Altarinsel begibt, mit Jubel, Pauken und Trompeten. Er habe, betont Benedikt, seit seiner Jugend „so viel vom Eichsfeld gehört, dass ich dachte, ich muss es einmal sehen und mit euch zusammen beten". Gemeinsam betet man die Vesper, das Abendgebet der Kirche. Dabei trägt Benedikt einen prachtvollen roten Chormantel aus Goldbrokat, den Paderborner Nonnen eigens für diese Zeremonie angefertigt haben. In seiner Predigt spricht der Pontifex vornehmlich über die Marienfrömmigkeit.

Der Tag endet mit einer Überraschung: Im Erfurter Priesterseminar trifft sich der Papst mit Opfern sexuellen Missbrauchs durch Geistliche und Kirchenmitarbeiter. Dazu erklärt das vatikanische Pressebüro unter anderem: „Bewegt und erschüttert von der Not der Missbrauchsopfer" habe der Heilige Vater sein tiefes Mitgefühl bekundet und weitere Bemühungen um die Aufklärung aller Delikte versprochen. Benedikt XVI. hofft, „dass der barmherzige Gott die Wunden der Missbrauchten heilen und ihnen Frieden schenken möge".

Auf dem Erfurter Domplatz

Fast 30 000 Christen haben sich vor der historischen Kulisse des Erfurter Mariendoms und der benachbarten Severinkirche versammelt, als (am 24. September) das Papamobil dort eintrifft. Begleitet vom Jubel der Menge hält es schließlich vor der Altarplattform. Bischof Wanke begrüßt im Namen aller Thüringer den Papst, der seinerseits mit der Messe die größte Heilige des Bistums ehrt, die heilige Elisabeth von Thüringen.

In seiner Predigt hebt der Pontifex immer wieder den Blick, er spricht die Menschen direkt an. Diese Begegnung, spürt man, ist ihm ein Herzensanliegen. Er erinnert an die „braune und rote Diktatur" in der ostdeutschen Vergangenheit; er verschweigt nicht, dass die meisten Thüringer „mittlerweile fern vom Glauben und von der Kirche" leben – doch die beiden letzten Jahrzehnte, betont er, zeigen auch gute Erfahrungen und eine gläubige Zuversicht, „dass Gott uns neue Wege führt".

Nach der Messe, als das Geläut der riesigen Dom-glocke „Gloriosa" verklungen ist, findet am Rande noch ein bewegendes Treffen statt. Benedikt be-grüßt nämlich den wohl letzten Überlebenden aus dem berüchtigten „Priesterblock" des KZ Dachau, den 98-jährigen Hermann Scheipers. Er nahm im Rollstuhl an dem Gottesdienst teil – mit seinem KZ-Abzeichen und der Häftlingsnummer 24255 an sei-nem Messgewand.

Unter badischer Sonne

Nach Berlin, Erfurt und Etzelsbach nun die letzte Etappe dieser denkwürdigen Reise: Freiburg. Kinder in Schwarzwälder Tracht überreichen dem Heiligen Vater bei dessen Ankunft einen Strauß Sonnenblumen – passend besonders für das Bun-desland Baden-Württemberg, dessen Ministerpräsi-dent ja den Grünen angehört. Man ist im Ländle; hier wird der Papst zum „Papscht". Auf dem Weg zum Dom, dem Liebfrauenmünster, säumen Tau-sende von freudig-erwartungsvollen Menschen bei herrlichem Wetter die Route des Papamobils.

Nach den Grußworten von Erzbischof Zollitsch be-grüßt Benedikt auf dem Münsterplatz die Bürgerschaft. Am Nachmittag trifft er in seiner vorübergehenden Residenz, dem Priesterseminar, mit Helmut Kohl zusammen. Indirekt also eine Würdigung von Kohls Lebenswerk als „Kanzler der Einheit". Dann hält der Pontifex eine lange Ansprache vor den Freiburger Seminaristen, zu denen einst ja auch sein jetziger Privatsekretär Gänswein zählte. Auffallend dabei: Er nimmt Bezug auf die – von deutschen Papstgegnern in Beschlag genommene – Formel „Wir sind Kirche" und betont, das „Wir" sei viel umfassender als die Gruppe, die das gerade sagt. „Das ‚Wir' ist die ganze Gemeinschaft der Gläubigen."

Mit begeisterten „Benedetto"-Rufen wird der Pontifex gegen Abend auf dem Messegelände empfangen, wo er mit rund 30 000 Christen aus ganz Süddeutschland sowie den Nachbarländern Frankreich und Schweiz eine „Gebetsvigil für die Jugendlichen" feiert. Dabei stellen sich neun Jugendgruppen mit ihrem jeweiligen Schutzheiligen vor. Drei Feuerschalen, symbolisch für Glaube, Hoffnung und Liebe, werden dem Papst gereicht. Und er zündet sie an – als Zeichen, dass auch diese jungen Christen berufen sind, zum „Licht der Welt" zu werden.

Wo Gott ist, da ist Zukunft

Der vierte Besuchstag, 25. September. Am Morgen die eindrucksvolle Papstmesse – sie wird zum religiösen Höhepunkt dieser Pastoralreise. Rund 100 000 Gläubige sind gekommen, mehr als angemeldet waren. Außerdem nehmen Bischöfe und Priester aus 27 Diözesen teil, während 450 Sängerinnen und Sänger den Gottesdienst musikalisch begleiten. Grund genug für den Heiligen Vater, hier zu allen deutschen Katholiken zu sprechen.

Die Kirche in Deutschland, mahnt er gegen Schluss, wird die neuen großen Herausforderungen bestehen und „Sauerteig in der Gesellschaft" bleiben, wenn Priester und Laien zusammenarbeiten, wenn sie alle die Fackel des unverfälschten Glaubens hochhalten. Und: „Die Kirche in Deutschland wird für die weltweite katholische Gemeinschaft „weiterhin ein Segen sein, wenn sie treu mit den Nachfolgern des heiligen Petrus verbunden bleibt". Nach der Eucharistie erklingt das Lied zum Motto der ganzen Reise: „Wo Gott ist, da ist Zukunft."

Später spricht Benedikt XVI. im Freiburger Konzerthaus vor engagierten Katholiken aus Kirche und Gesellschaft (darunter auch Bundespräsident Wulff). Überraschend dabei die Kernthese des Papstes: Durch die Sachzwänge der Welt wird zu oft das eigentliche Zeugnis der Kirche verdunkelt, deshalb muss sie immer wieder auf Distanz gehen und sich gewissermaßen „entweltlichen" – so kann sie auf wahrhaft christliche Weise wirken. Die Konzerthausrede ist der letzte Termin eines Marathonprogramms, in dessen Rahmen über 300 000 Deutsche „ihren" Papst erleben konnten.

Kein Knöllchen für den Pontifex

Gilt die Gurtpflicht auch für Päpste? Und selbst dann, wenn sie im Papamobil unterwegs sind? „Ja", befindet ein pingeliger Bürger in Dortmund und beauftragt prompt seinen Rechtsanwalt mit einer Strafanzeige: Benedikt XVI. sei am 24.September unangeschnallt durch die Freiburger Innenstadt gefahren, wie viele Fotos und Filmaufnahmen belegen. „Es geht uns", so der Advokat, „um die Vorbildfunktion des Papstes, aber auch um seine Sicherheit." Denn der Heilige Vater könne sich, selbst wenn das Papamobil nur im Schritttempo fahre, bei einem Aufprall schwer verletzen!

Das Freiburger Amt für öffentliche Ordnung berät lange über den heiklen Fall. Schließlich – der Pontifex ist längst zurück in Rom – entscheidet man:

Nein, der Antrag auf Bußgeldzahlung von 30 Euro wird abgewiesen. „Er entbehrt jeder Rechtsgrundlage", erklärt die Rathaussprecherin und erläutert: Durch die Sperrung der Innenstadt anlässlich des Papstbesuches wurde die Straßenverkehrsordnung – und somit auch die Gurtpflicht! – außer Kraft gesetzt. Die Medien vermelden das Kuriosum sogleich: „Kein Knöllchen für den Papst."

IV. Dialog, Versöhnung, Frieden – Benedikt seit Oktober 2011

Benedikt XVI. ist der kleine Papst, und das macht ihn am Ende dann so groß. Er redet mit Tiefgang, substantiell, und wenn er leise, so scheinbar kraftlos spricht, ist man förmlich gezwungen, die Ohren zu spitzen. Und wer Ohren hat, der hört dann auch.

Autor Peter Seewald

Dieser Papst ist ein unerschrockener Garant der Festigkeit des Glaubens mitten in allen Wandlungen.

Kardinal Karl Lehmann

Einer der brillantesten Intellektuellen, die es weltweit gibt. [...] Ich finde den Mann großartig. Er macht seine Sache perfekt.

Entertainer Harald Schmidt

Religionsführer in Assisi

Frühmorgens an einem Oktobertag 2011 verlässt – höchst ungewöhnlich – ein Sonderzug mit hochkarätigen Passagieren den Mini-Bahnhof der Vatikanstadt. 300 Delegierte aus 31 christlichen Gemeinschaften und 12 Religionen reisen mit dem Papst zum Weltfriedenstreffen. Schon eine Stunde vor der Abfahrt beleben bärtige orthodoxe und islamische Würdenträger, buddhistische Mönche und römisch-katholische Bischöfe den einzigen Bahnsteig. Als Letzter besteigt Benedikt XVI. den Zug. Wiederum also nach Assisi, 25 Jahre nach jener interreligiösen Begegnung, die Benedikts Vorgänger Johannes Paul II. dort einberufen hatte. Wiederum Assisi, die Stadt des heiligen Franziskus, dieser Symbolfigur der Gewaltlosigkeit ...

„Pilger der Wahrheit, Pilger des Friedens": Unter dieses Motto stellt Benedikt die neuerliche Zusammenkunft. Dabei wird besonders Gewaltanwendung unter religiösen Vorwänden verurteilt. Die katholische Kirche bekräftigt ihren Einsatz für Versöhnung und Frieden – gemeinsam mit Vertretern anderer Konfessionen und Religionen sowie mit nicht-glaubenden Menschen, die (so der Pontifex) „ehrlich nach der Wahrheit suchen". Sind somit auch Atheisten dabei? Ja, dies ist tatsächlich eine Novität der

Veranstaltung 2011. Durch die Einladung an Nicht-Glaubende gibt Benedikt dem Treffen eine besondere Note. Vier Intellektuelle aus verschiedenen Ländern und ein ehemaliger KP-Chef aus Österreich sind in Assisi präsent. Zu dem Quintett gehört die in Paris lebende, aus Bulgarien stammende Philosophin Juli Kristeva, die unterstreicht: „Wir haben uns nicht alle umarmt und bloß gesagt: Es lebe der Frieden! Doch wir haben versucht, eine Brücke zu finden." Der päpstliche Beauftragte für den interreligiösen Dialog, Kardinal Tauran, resümiert: „Alle Teilnehmer haben begriffen, dass Frieden ein Imperativ ist."

Glaube gegen Hexerei

Ein Kontinent der Hoffnung: Unter diesem Zeichen besucht Papst Benedikt im November 2011 Afrika, konkret: das Land Benin. Immer wieder drückt er in dieser ehemaligen französischen Kolonie seine Überzeugung aus, dass es in Afrika wahre, für die ganze Welt bedeutsame Werte gibt – doch sie müssen von den Afrikanern selbst auf ihrem Kontinent umgesetzt werden. Dabei meint er etwa die christliche Familie, die er in der Messe vor mehreren zehntausend Menschen im Stadion von Cotonou würdigt. Die Gläubigen sollen Hoffnungsträger sein – auch für den vielfach bedrohten Zusammenhalt der Familien.

„Afrika, gute Nachricht für die Kirche; werde gute Nachricht für die ganze Welt!" ruft der Papst aus, als er den Vertretern der Bischofskonferenzen das Schreiben „Africae munus" (Der Einsatz Afrikas) überreicht. Also das Schlussdokument einer Sondersynode im Vatikan. Die Kirche auf dem Kontinent, so Benedikt, soll Frieden und soziale Gerechtigkeit fördern.

Der Besuch in Benin, versteht sich, hat auch spezifisch „afrikanische" Aspekte, Farben und Klänge. So begrüßt der Petrus-Nachfolger die Stammeshäuptlinge und appelliert (überraschend) an sie, „mit ihrer Weisheit den heiklen Übergang des Landes von der Tradition zur Moderne zu begleiten". Ein andermal fordert er: Kirche, Gesellschaft und Politik sollten gemeinsam gegen das schlimme Phänomen der Hexerei und besonders gegen den weit verbreiteten Vodoo-Kult vorgehen. Anlässlich des Papstbesuchs veranstalten populäre Musiker des Kontinents eine große Show in Cotonou. Motto ihres Konzerts: „Afrika, mach' Frieden."

Südtiroler Spuren

Eine kleine Südtiroler „Invasion" erlebt der Vatikan bei einer Generalaudienz im November. Zwei Musikkapellen aus der Brixener Gegend spielen den Gläubigen auf dem Petersplatz ein Ständchen. Anschließend verleiht eine vielköpfige Delegation aus Natz-Schabs (die Mitglieder allesamt in Trachten) dem Heiligen Vater die Ehrenbürgerwürde der letztgenannten Gemeinde. Denn just aus diesem Ort bei Brixen stammen die Vorfahren von Maria Ratzinger, Benedikts Mutter.

Der Bruder des Papstes, Georg, erzählt Details über die Südtiroler Spuren. Die Eltern von Maria Ratzinger nämlich hatten bei Brixen im damals noch österreichischen Südtirol eine Mühle besessen, die dann bei einem Hochwasser der Rienz weggespült wurde. Daraufhin wanderte die ganze Familie nach Bayern aus.

„Unsere Großmutter hatte den Rest ihres Lebens lang Sehnsucht nach ihrer Heimat. Als sie krank wurde und es allmählich ans Sterben ging, hat sie immer gesagt: ,Wenn ich nur ein bisserl Wasser von zu Hause hätte, so würde ich wieder gesund.'" Sie war halt, bemerkt Prälat Ratzinger, „eine große Tiroler Patriotin". Joseph Ratzinger übrigens liebt Südtirol sehr. Als Kardinal macht er mehrfach, als Papst einmal (2008) Sommerurlaub in Brixen. Und in seiner Dankesrede an die Delegation aus Natz-Schabs lobt er das schöne Land, das „durch die Erzählungen meiner Mutter in mein Herz eingegraben ist".

Deutsches Aushängeschild

Überraschung in der deutschen Vertretung beim Heiligen Stuhl: Der neue Botschafter Dr. Reinhard Schweppe will, wie er im November 2011 Journalisten verrät, in seinem Amtsgebäude das Bild eines „fremden Staatsoberhauptes" aufhängen – nämlich das von Benedikt XVI. Ansonsten findet man in den diplomatischen Vertretungen der verschiedenen Länder rund um die Welt zwar oft eine Art Ahnengalerie, sprich: Fotos der letzten, aufeinander folgenden Botschafter. Doch nie ein stattliches Porträt des Staatschefs jenes Landes, bei dem der Diplomat X akkreditiert ist.

Da will Reinhard Schweppe eine Ausnahme machen – weil Benedikt, der Souverän des Vatikanstaates, ja Deutscher ist. Nicht nur: Der Ratzinger-Papst sei, wie immer man ihn persönlich beurteile, „derzeit der bekannteste Deutsche in der ganzen Welt, ein großer Deutscher, ja geradezu ein Aushängeschild unseres Landes". Deshalb hält Schweppe es für „absolut richtig", im konkreten Fall mit der erwähnten Bildertradition zu brechen und in seinem eleganten Botschaftsgebäude im römischen Nobelviertel Parioli ein großes Porträt des Pontifex anzubringen. Zunächst mal ein Foto, wie Schweppe anmerkt, aber später ein von einem Maler gestaltetes Bild. „Mal sehen, vielleicht findet sich ja ein Sponsor."

Coca-Cola im Vaterunser?

Mit der Zeit – Benedikt ist nun sechseinhalb Jahre Papst – kursieren weitere, manchmal auch bissige Witze über den Pontifex und die Kurie. Witze, die er sich als humorvoller Mensch angeblich schon mal von seinen Mitarbeitern erzählen lässt. Beispiel? Bei einer Audienz für den Chef des Coca-Cola-Konzerns macht dieser ein unfrommes Angebot: „Heiliger Vater, wenn in jeder katholischen Kirche einen Monat lang im Vaterunser das Wort ‚Brot' durch ‚Coca-Cola' ersetzt wird, spenden wir dem Vatikan zehn Millionen Dollar." Entrüstet lehnt das Katholikenoberhaupt ab. „Na gut", sagt der Amerikaner und legt nach: „Wie wär's mit 20 Millionen Dollar für nur eine Woche ‚Coca-Cola' statt ‚Brot' im Vaterunser?" „Nein, das ist unmöglich. Gehen Sie jetzt", wehrt Benedikt ab. Folglich spielt der Topmanager seinen letzten Trumpf aus: „100 Millionen Dollar dafür, dass es an einem einzigen Sonntag in allen katholischen Kirchen im Vaterunser ‚Coca-Cola' statt ‚Brot' heißt!" Da wendet sich Benedikt an seinen Privatsekretär und fragt: „Mein Sohn, wie lange läuft unser Vertrag mit der Bäckerinnung noch?"

Weihnachtsplätzchen aus Bayern

Ein Dezemberabend im Apostolischen Palast. Der Papst und seine engsten Mitarbeiter schauen sich den Fernsehfilm „Vom Himmel auf Erden" über Advents- und Weihnachtsbräuche in seiner bayerischen Heimat an. Früher, sagt Benedikt anschließend, sei der Advent ja eine ruhige – auf bayerisch: eine ‚staade" – Zeit gewesen. Das habe sich zwar radikal geändert. „Es ist nun eine hektische Zeit ..." Aber, wie der Film zeige, sind die volkstümlichen Traditionen keineswegs verschwunden. „Es sind Inseln für die Seele, Inseln der Ruhe und des Glaubens. Das scheint mir wichtig zu sein." Der

Film wird am 7. Dezember im Bayerischen Fernsehen ausgestrahlt.

Und wie feiert der Papst nun Weihnachten? Offiziell, als Katholikenoberhaupt, mit der Christmette im Petersdom und dem berühmten Segen „Urbi et Orbi" am 25. Dezember. Doch im Apostolischen Palast bleibt auch Zeit, die Geburt Jesu ganz privat zu feiern. Dabei stützt sich der Pontifex fast gänzlich auf deutsche Traditionen.

Im Gegensatz zum riesigen Weihnachtsbaum auf dem Petersplatz, der 2011 aus der Ukraine stammt, kommt Benedikts private Tanne aus dem Bayerischen Wald. Und weil für ihn zum Weihnachtsbaum nun mal Wachsduft gehört, besteht der Papst auf echten Kerzen. Vor dem geschmückten Baum liest der Heilige Vater persönlich das Weihnachtsevangelium vor. Dann singt man im Klavierzimmer, unter anderem das weihnachtliche Lieblingslied Joseph Ratzingers: „Es ist ein Ros entsprungen." Das Essen wird von der italienischen Küche bestimmt. Mit einer Ausnahme: Die Weihnachtsplätzchen und die hauchdünnen Kekse „Butterblümchen" bekommt der Papst von daheim – aus Bayern.

Tauffest in der Sixtina

Sonntag, 8. Januar: „Taufe des Herrn" – so steht es im Kirchenkalender für 2012, natürlich unter Bezug auf die Taufe Jesu Christi im Jordan. Wie schon sein Vorgänger nimmt Benedikt XVI. analog einem einfachen Priester an diesem Datum alljährlich eine Kindertaufe vor – in der berühmten Sixtinischen Kapelle. Sechzehn Bambini, zumeist von Angestellten des Vatikans, haben diesmal die Ehre.

„Es ist immer eine Freude, diese heilige Messe mit der Kindertaufe zu feiern, besonders am Festtag der Taufe Jesu", betont der Papst zu Beginn seiner Predigt. Jedes neugeborene Kind „schenkt uns das Lächeln Gottes". Das Taufsakrament, so Benedikt weiter, markiert die Aufnahme in die kirchliche Gemeinschaft. Es ist Pflicht der Eltern und Paten, die getauften Kinder dann im christlichen Sinn zu erziehen. Eine schwere Aufgabe, „aber auch eine wunderbare Mission, wenn man sie zusammen mit Gott erfüllt, der ja der erste und wahre Erzieher des Menschen ist". Schließlich spricht der Heilige Vater die Taufformel und gießt das Taufwasser mit einer vergoldeten Muschel auf die Köpfe der Bambini. Für die glücklichen Eltern, Paten und Verwandten ein denkwürdiger Tag: feierlich, fromm, aber auch fröhlich-optimistisch.

Papst empfängt Krokodil

Höchst ungewöhnlichen Besuch erhält Benedikt XVI. bei einer Generalaudienz im Januar – nämlich den eines Babykrokodils. Wie das? Nun, die Verantwortlichen des römischen Zoos, der jetzt „Biopark" heißt, hatten das 30 Zentimeter lange Reptil mitgebracht. Konkret handelte es sich um ein Exemplar des vom Aussterben bedrohten kubanischen „Crocodylus rhombifer", das im Biopark aufgezogen und versorgt wird, anlässlich der Papstreise nach Kuba (im März) jedoch in sein natürliches Habitat auf der Zuckerinsel zurückgebracht wird.

„Wir wollen damit symbolisch unseren Beitrag zum Artenschutz unterstreichen", erklärt die Zoo-Verwaltung. Paolo Giuntarelli, Präsident der „Fondazione Bioparco" fügt hinzu: Die Begegnung mit dem Bischof von Rom sei für ihn das wichtigste Ereignis zum 100. Geburtstag des römischen Tierparks. Benedikt, der wegen seiner vielen Plädoyers zur Erhaltung der Umwelt als „grüner Papst" gilt, sieht sich das Krokodil neugierig an. Und er verspricht, auch weiterhin für Umwelt- und Artenschutz zu werben.

Nach Mexiko und Kuba

Dass große Ereignisse ihre Schatten vorauswerfen, zeigt sich auch im Blick auf die nächste, schon fest geplante Lateinamerikareise des Papstes: Ende März wird der Pontifex erst Mexiko und anschließend Kuba besuchen. Also zunächst Pastoralvisite in dem – nach Brasilien – zahlenmäßig größten katholischen Land der Erde, und dann Benedikts erster Besuch in einem kommunistisch regierten Land. Grund genug für vielerlei Spekulationen und Hoffnungen.

In Mexiko wird Benedikt (wenn alles programmgemäß verläuft) nicht in der Hauptstadt Ciudad de Mexico landen, sondern 600 Kilometer nordwestlich in Leon. Warum? Weil Leon nicht wie die Metropole auf 2200 Meter Höhe liegt, sondern 500 Meter tiefer. Und sie leidet weniger unter Dauersmog. Aus diesen Gründen hatten die Ärzte dem knapp 85-jährigen Papst dringend geraten: „Ja nicht nach Mexiko-City!" Eine Million Gläubige wollen zur Papstmesse in Leon kommen. Themenschwerpunkte in Benedikts Ansprachen, davon geht man aus, werden angesichts von bereits 50 000 Toten im Drogenkrieg das Rauschgiftproblem und die Sorge über zunehmende Gewalt in Mittelamerika sein. „Mit Zuneigung und Respekt" erwartet dann Kuba, nach den Worten von Staatspräsident Raul Castro, den Pontifex. Der Bruder und Nachfolger des legendären, aber schwer erkrankten „Lider Maximo" Fidel Castro hat vor kurzem überraschend eine Massenamnestie, konkret: die Begnadigung von 2900 Häftlingen, angekündigt. Darunter auch die von politischen Sträflingen. Damit kommt Castro besonders den Forderungen der katholischen Kirche nach. Schon deshalb dürften viele Gläubige nun dem Papst zujubeln. Die Bischöfe auf der Zuckerinsel freuen sich ohnehin: „Dem Heiligen Vater liegt Lateinamerika sehr am Herzen."

Joseph Ratzinger – Benedikt XVI.

1927	Joseph Aloysius Ratzinger wird am 16. April in Marktl am Inn (Oberbayern) geboren
1945-1951	Studium der Theologie und Philosophie in Freising und München
1957	Habilitation für Fundamentaltheologie
1959	Professor an der Universität Bonn
1962-1965	Berater des Kölner Kardinals Frings beim II. Vatikanischen Konzil
1963-1977	Professor in Münster, dann in Tübingen, dann in Regensburg
1977	Ernennung zum Erzbischof von München-Freising; kurz nach der Bischofsweihe Erhebung zum Kardinal
1981	Ernennung zum Präfekten der vatikanischen Glaubenskongregation
2002	Dekan des Kardinalskollegiums
2005	Am 19. April Wahl zum Papst – er nennt sich Benedikt XVI.
2005	Im August Weltjugendtag in Köln
2006	Im Januar 1. Enzyklika „Gott ist die Liebe"

2006	Im September Bayernreise
2006	Im Spätherbst Reise in die Türkei
2007	Im April publiziert Benedikt „Jesus von Nazareth" (1. Band)
2007	Reisen nach Brasilien und Österreich
2007	Ende November 2. Enzyklika „Auf Hoffnung hin gerettet"
2008	Im April Reise in die USA und zur UNO in New York
2008	Teilnahme am Weltjugendtag in Sydney
2009	Im Mai Pilgerreise ins Heilige Land
2009	Ende Juni 3. Enzyklika: „Die Liebe in der Wahrheit"
2010	2. Band des „Jesus"-Buches
2010	Im September Großbritannien-Reise
2011	Ende September Staatsbesuch in Deutschland
2012	Für März angekündigt: Reise nach Kuba und Mexiko
2012	Am 16. April feiert Papst Benedikt seinen 85. Geburtstag

Quellenverzeichnis

Literatur

Benedikt XVI., Der Papst in Deutschland, begleitet von Michael Hesemann, Sankt Ulrich Verlag, Augsburg 2011.

Benedikt XVI., Die Chronik des Pontifikats. Habemus Papam 2005/2006 – hrsg. von Eberhard von Gemmingen (Edition Radio Vatikan), St. Benno-Verlag, Leipzig 2007.

Benedikt XVI., Die Chronik des Pontifikats. Urbi et orbi 2006/2007 – Bilder, Texte, Dokumente, hrsg. von Eberhard von Gemmingen (Edition Radio Vatikan), St. Benno-Verlag, Leipzig 2007.

Benedikt XVI., Die Chronik des Pontifikats. Urbi et orbi 2007 – Bilder, Texte, Dokumente, hrsg. von Eberhard von Gemmingen (Edition Radio Vatikan), St. Benno-Verlag, Leipzig 2008.

Benedikt XVI., Die Chronik des Pontifikats. Urbi et orbi 2008 – Bilder, Texte, Dokumente, hrsg. von

Eberhard von Gemmingen (Edition Radio Vatikan), St. Benno-Verlag, Leipzig 2009.

Benedikt XVI., Gedanken, Impulse, Visionen, hrsg. von Jürgen Erbacher (Edition Radio Vatikan), St. Benno-Verlag, Leipzig 2005.

Benedikt XVI., In Gott ist unsere Zukunft! Impulse für unser Land, St. Benno-Verlag, Leipzig 2011.

Benedikt XVI., Mit Christus für die Menschen. 60 Jahre Dienst im Weinberg des Herrn, hrsg. von Rudolf Voderholzer, Verlag Schnell & Steiner, Regensburg 2011.

Glaube zwischen Vernunft und Gefühl. Benedikt XVI. – sein Leben in Bildern und Erinnerungen, hrsg. von Eberhard von Gemmingen (Edition Radio Vatikan), St. Benno-Verlag, Leipzig 2007.

Bernhard Hülsebusch, „Herr, tu mir das nicht an". Benedikt XVI. – Episoden und Erinnerungen, St. Benno-Verlag, Leipzig 2006.

Bernhard Hülsebusch, Professor Papst. Benedikt XVI. – Neue Episoden und Erinnerungen, St. Benno-Verlag, Leipzig 2007.

Stefan von Kempis, Benedetto. Die Biographie (Edition Radio Vatikan), St. Benno-Verlag, Leipzig 2006.

Stefan von Kempis, Benedikt XVI. – das Lexikon. Von Ablass bis Zölibat, St. Benno-Verlag, Leipzig 2007.

Paolo Mosca, Drei Katzen für den Papst. Die neuesten Papst-Anekdoten, St. Benno-Verlag, Leipzig 2010.

Papst Benedikt in Deutschland. Unvergessliche Begegnungen in Wort und Bild, hrsg. von Hans Langendörfer, St. Benno-Verlag/Verlag Herder, Leipzig/Freiburg/Basel/Wien 2011.

Georg Ratzinger, Mein Bruder, der Papst, aufgezeichnet von Michael Hesemann, Herbig-Verlag, München 2011.

Christine Schröpf/Georg Gänswein, Warum trägt der Papst rote Schuhe? Kinderfragen an Benedikt XVI., St. Benno-Verlag, Leipzig 2007.

Alfons Schweiggert, Unser Papst aus Bayern. Benedikt XVI., Turmschreiber-Verlag, Pfaffenhofen 2005.

Josef A. Slominski, Die großen Päpste. Texte von Luitpold A. Dorn und Berhard Hülsebusch, St. Benno-Verlag, Leipzig 2006.

Bildnachweis